**나를 이끌어야
세상을 이끌 수 있다**

나를 이끌어야
세상을 이끌 수 있다

AI시대 누구에게도 대체되지 않는 리더의 대학여

김수현 지음

이 책을 나의 사랑하는 아내와 두 아들에게 바칩니다.
그리고 함께 일해온 수많은 동료들과,
많은 리더분들에게 감사한 마음을 담아

차례

| 추천의 글 | 내 안의 변화 없이, 세상을 바꾸려는 이들에게 | 13 |
| 프롤로그 | | 16 |

1부 리더십은 스킬이 아니라 삶의 태도이다

삶을 이끄는 힘, 태도의 리더십   25
    좋은 리더십을 위하여 마음 속의 GPS를 켜자
리더십은 자기인식과 성찰에서 시작된다   30
    자기중심성이 바로 내로남불
    어떻게 해야 하는지 묻기 전에 어떤 리더가 될 지 생각해야 한다
리더가 필요한 이유와 리더가 되고 싶지 않은 이유   39
    리더는 어떤 사람이어야 하는가?
리더는 타고나는 것인가? 만들어지는 것인가?   45
    리더는 잘난 사람이 아니라 역할 수행자
    리더는 무엇으로 마음을 움직이는가?
사람을 움직이는 조종과 영감   53

2부
조직문화라고 쓰고 조직역량으로 읽는다

리더 때문에 아무도 모르게 서서히 망한다면   61
    NO라고 말해도 괜찮아야 한다
액자 속이 아닌 일상 속의 조직문화가 되어야   67
    조직이 어려울수록 사람을 믿어야
VUCA 시대의 조직문화는 선택이 아닌 필수   74
우리는 스포츠 팀이지 가족이 아니다   77
회의스러운 회의 문화를 바꾸는 DE&I   81
    회의스러운 회의 문화의 이면
조직을 망치는 지름길은 편가르기   87
    편향성을 극복해 나가는 리더가 되어야
사람을 떠나지 않게 하는 문화   94
    헤어짐도 만남만큼이나 중요하다

3부
우리는 조금이라도 통(通) 하였을까?

소통과 신뢰가 없다면 리더십은 무용지물   **105**
    신뢰형성과 라포(Rapport)

기다리지 말고 먼저 신뢰를 심어야   **112**

신뢰를 만드는 이해와 배려   **114**
    이해와 배려란?

혼자 말하지 않는 리더가 되려면   **119**
    구성원의 마음을 읽는 방법

Text가 아닌 Context를 읽어라   **123**
    리더가 열정적으로 소통해야 하는 이유

리더의 언어는 달라야 한다   **130**
    리더의 소프트 스킬

4부
코 찡한 코칭은 사람을 키운다

사람에 대한 이해와 다양성에서 코칭은 시작된다   **141**
    나는 어떤 유형의 Follower인가?
    나는 어떤 유형의 Leader인가?

코칭과 트레이닝   **150**
    구성원에 대한 이해와 처방

삼척동자와 삼요세대   **158**
    삼요세대와 일하는 법

재능이 아니라 노력이다   **164**
    빠른 길 보다 바른 길이 더 중요하다

아는 것이 힘? 행동하는 것이 힘!   **170**
    리더의 다른 이름, 코치와 멘토

알을 깨는 노력은 모두에게   **176**
    같이 일하는 구성원은 부하가 아닌 조력자로

5부
의식적으로 생각하고, 의도대로 행동하는 실전 리더십

질문은 형식이 아니라 리더의 능력이다   185
   좋은 리더의 좋은 질문법
   열 번 찍기 전에 다섯 번 질문부터

리더는 입보다 귀가 커야   195
   세대가 달라도 경청에는 공통분모가 있다

직접 할 수 있도록 기회를 주고 기다려 주는 노력   200
   구성원이 생각하는 권한 위임과 피드백

칭찬과 질책의 레시피   207
   칭찬과 질책의 황금비율
   질책을 주저하는 리더들

리더는 의사결정을 하는 사람   216
   리더가 포기한 결정에 좋은 결과는 없다

지시하고 공유하고 변화하라   221
   리더는 훌륭한 정보 전달자이자 소통가

6부
좋은 리더는 결코 혼자 일하지 않는다

성과 있는 팀의 비결   **231**
    심리적 안전감의 힘

회식만 하면 팀워크가 좋아질까?   **238**
    팀워크를 인수 분해해 본다면

협업의 능력이 이기는 능력   **247**
    ZERO SUM이 아닌 POSITIVE SUM을 생각해야

최고의 인재가 모이면 최고의 팀이 될까?   **254**
    아폴로 신드롬

팀워크를 위한 행동 몰입   **259**
    구성원의 행동 몰입을 이끌어내는 리더십

이기는 습관과 복기   **263**
    팀 역량의 베이스 캠프를 높게 쳐라

에필로그   **269**

추천의 글

내 안의 변화 없이, 세상을 바꾸려는 이들에게

임홍택 (『90년생이 온다』 저자, 명지대 미래융합경영학과 겸임교수)

내가 아직까지 세상의 많은 진리를 깨달은 것은 아니지만, 약 20년 가까이 사회생활을 경험하고 얻은 강력한 믿음 중 하나는 '누군가를 판단할 때 그 사람의 말이 아닌 행동을 봐야한다'는 점이다.

그러한 점에서 이 책의 저자는 자신의 사명과 신념을 말이 아닌 행동으로 보여준 몇 안되는 분들 중에 하나다. 10여 년 전 내가 한 식품 회사에서 3년간 영업을 담당하다가 처음으로 영업 전략 스텝 업무로 직무를 옮겼을 때, 그는 나의 상사였다. 그는 철저하게 개인 친분이 아닌 업무적으로 일을 처리했기에 비록 살갑게 모두를 감싸

주는 타입은 아니었지만, 누군가 어려움을 겪었을 때 발벗고 나서주는 상사였다. 그리고 업무의 성과를 내는 팀원에게 칭찬과 격려를 아낌없이 보내주는 선배였다. 이런 행동은 어찌 보면 '리더라면 당연히 해야 할 일'이라고 느낄 수 있겠지만, 나는 여태껏 이러한 기본 원칙을 제대로 수행하는 리더를 본 일이 많지 않다.

또 그는 주변 사람들에게 영향력을 미칠 수 있는 존재였다. 10여 년 전, 겨우 신입사원 딱지를 뗀 초심자의 눈으로 봐도 주변의 많은 선/후배들이 그에게 많은 조언을 듣고 의지를 했다. 그리고 개인적인 일을 고백하건대, 내가 2011년 서른 번째 생일을 맞이 했을 때, 그는 모든 팀원을 한 회의실에 모아놓고 계란 한 판을 직접 삶아서 (*그것도 휴대용 가스레인지와 냄비를 직접 준비했다) 모든 이에게 나눠주고, 나의 계란 한 판 생일을 축하해주었다. 그의 이런 행동들은 후일 내가 여러 작품을 쓰는 데 많은 영향을 미쳤다.

인도의 지도자 간디와 관련해 전해 내려오는 유명한 일화가 있다. 어느 날 한 어머니가 간디에게 아들의 단맛 중독을 고쳐 달라 하자, 간디는 "2주 뒤에 오라"고 말했다. "왜 처음에 바로 말해주지 않고, 2주 뒤에 오라고 했냐?"는 어머니의 물음에 그는 "내가 먼저 단 것을 끊은 뒤에야 아이에게 말할 수 있었다"고 대답했다.

앞서 언급한 간디의 일화처럼, 『나를 이끌어야 세상을 이끌 수 있다』은 누군가를 이끌 수 있는 힘은 단순한 말과 추상적인 원칙이 아닌 리더 자신의 삶에서 나온다는 명제를 다시금 확인시켜 준다. 그런 의미에서 리더십이란 타인을 이끌기 전에 먼저 자신을 변화시키는 용기이자, 그 변화를 통해 세상을 움직이는 힘이다.

　이 책의 가장 큰 미덕은 이론과 실무를 겸비한 통찰력이다. 저자는 치열한 업무 현장을 누비면서도 경영과 리더십에 관한 이론적 탐구를 꾸준히 이어 왔으며, 그 경험과 사유가 글 속에 고스란히 녹아 있다. 또한 영업·마케팅·경영관리·전략기획 등 기업의 핵심 부서를 두루 거친 그의 이력은 내용을 한층 풍부하고 입체적으로 만든다. 덕분에 한쪽 시야에 치우치지 않고 비즈니스 전반의 흐름을 읽어내는 폭넓은 안목과, 현장에서 바로 적용할 수 있는 구체적 실행 전략이 균형감 있게 어우러진다.

　이 책을 현재 비즈니스 최전선에서 분투하는 경영자와 관리자들, 내일의 미래 리더를 꿈꾸는 청년들, 그리고 자기 자신의 한계를 뛰어넘고자 노력하는 모든 이들에게 일독을 권한다. 빠르게 변하는 시대일수록 변하지 않는 올바름을 붙들고 나아가는 리더가 필요하다. 10여 년 전 한 신입사원의 인생에 등불을 밝혀주었던 그 깨달음들이 이제 책을 통해 수많은 독자의 길을 밝힐 수 있으리라 믿는다. AI 시대라는 거센 파도를 헤쳐 나가는 모든 리더들에게 든든한 등대가 되어 줄 것이다.

프롤로그

　리더십은 단순히 조직 내 역할 수행에 그치지 않는다. 점차 개인의 삶 전반에 스며드는 태도와 자세로 확장될 수 있는 개념이다. 사람은 원하든 원하지 않든 공동체 속에서 끊임없이 상호작용하며 살아가고, 그 안에서 리더십은 공동체에 기여하고 함께 성장하는 데 중요한 역할을 한다. 그 본질은 대인관계와 공동체 참여에 있다. 신뢰를 쌓기 위해서는 경청, 공감, 감성지능, 효과적인 의사소통이 필수이며, 이를 바탕으로 관계가 형성된다. 협력과 문제 해결을 통해 개인의 성장뿐 아니라 공동체의 발전도 가능하다.

　나 역시 다양한 경험을 통해 리더십이 삶에 미치는 영향을 실감했다. 시간이 지날수록 그것이 단순한 관리 기술이 아니라 삶의 태도와 맞닿아 있다는 점을 깨달았다.

첫 리더에서의 쓴 경험

오래전, 회사에서 '발탁'이라는 개념이 뚜렷하지 않던 시절, 운 좋게도 나는 비교적 이른 시기에 첫 리더 역할을 맡게 되었다. 직급은 대리에 불과했지만, 신입사원 때부터 몸담아온 부서였고 전국 단위의 업무를 다루는 스텝 부서에서 발령을 받은 터라 누구보다 일을 잘 안다고 생각했다. 자신감이 있었고, 기회를 준 분들에게 보답하고 싶었으며, 좋은 팀을 만들겠다는 의욕이 나이에 비해 유난히 뜨거웠다. 그러나 결과는 기대와 달랐다.

성과는 일정 부분 회복했지만, 구성원들과의 관계는 물론 나보다 연차가 많은 리더들과도 보이지 않는 불협화음이 생겼다. 1년 만에 팀을 떠나던 날, 몇몇 구성원들은 "너무 많이 알고 계셔서 숨을 곳이 없었습니다", "좋았지만 숨이 막히는 순간도 있었어요", "너무 뜨거워서 우리와 온도차가 있었습니다"라는 말을 남겼다.

그때 깨달았다. 의욕만으로는 부족하다는 것, 그리고 잘 아는 일이라고 해서 반드시 잘 이끌 수 있는 것은 아니라는 것. 리더십은 실무 능력만으로 생기는 것이 아니라 사람과 사람 사이의 미묘한 균형, 관계의 온도, 태도의 깊이에서 비롯된다는 사실을. 구성원들의 피드백은 나를 멈춰 세웠고, 강점이라 믿었던 것들이 상황에 따라 단점이 될 수도 있다는 사실은 혼란스러웠다.

능력과 열정만으로는 해결할 수 없는 '사람 사이의 거리감'을 처음 실감한 순간이었다. 그날 이후, 나는 리더로서 서툴렀고 성급했음을 인정하게 됐다. 일을 앞세우는 습관이 성과를 만들어내기도 했지만, 사람의 마음을 놓치게 만들었다. 그 피드백은 단순한 조언이 아니라 나를 비춘 거울이었고, 그 거울 속에서 나는 리더십이란 타인을 통제하는 기술이 아니라 마음을 연결하는 태도에서 시작된다는 것을 배웠다.

두 번째 리더에서의 학습

첫 리더 경험을 마친 직후, 예상치 못한 인수합병이 있었다. 당시 인수합병M&A 은 지금처럼 익숙한 개념이 아니었기에 나를 포함한 모두에게 낯설었다. 나는 피인수된 회사로 자리를 옮겨 영업·마케팅 기획을 맡으며 두 번째 리더 역할을 시작했다. 새로운 환경은 그야말로 혼란의 연속이었다.

　인수 기업에서 온 나는 기존 시스템을 정비하고 프로세스를 새로 잡는 일을 맡았다. 그 탓에 동료들 사이에서 '칼잡이'라는 별명이 붙었는데, 그것은 특별함보다는 불안과 경계심의 표현이었다. 내 존재가 자리를 위협한다고 느낀 이들은 점점 거리를 두었고, 고립감이 깊어졌다.

　당시 팀 상황도 녹록지 않았다. 업무량은 많았고, 인수·피인수 기업 양쪽의 일을 동시에 처리해야 했다. 특히 PMIPost Merger Integration 관련 업무 대부분이 보안을 요구해 혼자 처리해야 하는 경우가 많았다. 숨을 돌릴 틈이 생겨도 속 이야기를 나눌 상대, 조용히 들어줄 이가 거의 없었다.

그 시기는 개인적으로 가장 혹독했지만, 리더로서 내 안을 깊이 들여다보게 만든 전환점이었다. 말보다 경청이 훨씬 강한 리더십의 언어가 될 수 있다는 것을 처음 체감했고, 조직 안의 복잡한 감정과 아픔을 진심으로 이해하려 노력하게 됐다. 결국 몇 달 뒤, PMI를 마무리하고 모회사로 복귀했지만, 짧고 깊었던 그 시간은 리더십이란 조직을 움직이는 기술이 아니라 사람을 이해하는 데서 출발한다는 사실을 각인시켰다.

세 번째 리더에서의 성장

복귀 후 공식 직책은 없었지만, 실질적으로는 팀의 중심을 잡고 방향을 이끄는 역할을 맡게 됐다. 권한은 없어도 누군가는 그 역할을 해야 했고, 그렇게 3년쯤 지나 다시 정식 리더로 복귀했다. 성과를 내는 것도 중요했지만, 무엇보다 첫 리더 시절처럼 되지 않겠다는 다짐이 더 강했다. 구성원들과의 관계에 진정성을 담기 위해 스스로를 점검하고, 행동 하나하나를 신중히 바라보려 노력했다.

그 즈음 회사에 승진자 대상 리더십 교육이 생기면서 나는 사내 리더십 강사로 활동하게 됐다. 처음엔 준비에 시간이 오래 걸렸지만, 강의를 준비하는 과정에서 오히려 더 많이 배우게 되었고, 공부가 습관처럼 자리 잡았다. 이후 그룹 내 핵심인력 멘토링 프로그램에서 리더십 멘토를 맡았고, 팀 이름은 어퓨굿맨 A Few Good Men 으로 정했다. '소수 정예'라는 뜻과 동시에 '좋은 사람들'이라는 의미를 함께 담고 싶었다.

멘토링 팀과는 매주 한 장 분량의 리더십 사례나 아티클을 메일로 공유했고, 오프라인 미팅에서는 이를 바탕으로 토의와 리뷰를 진행했다. 작성한 아티클은 후배 코칭에도 활용했고, 프로그램이 끝난 뒤에는 더 큰 조직을 맡으며 리더들의 고민과 갈등을 더욱 자주 접하게 되었다.

결국 매주 30분씩 리더들을 모아 '리더십 미팅'을 진행했다. 공식 교육은 아니었지만, 리더들이 실질적인 문제를 함께 나누고 스스로를 돌아보는 시간이 되었다. 돌이켜보면, 직장생활 동안 내가 게을리하지 않은 일은 리더십의 중요성을 조직 안에 알리는 일이었다. 그리고 그 여정은 타인을 성장시키는 것뿐 아니라 나 자신을 더 깊이 이해하고 넓게 성장하게 만든 과정이었다.

리더는 전문성이나 이론만으로는 부족하다

일을 잘하기 위해 전문성은 기본이다. 그러나 조직이 커지거나 협업이 강조되고, 전혀 해보지 않은 직무를 맡게 되는 순간이 온다. 이때 기존의 전문성이 무의미해지는 것은 아니지만, 그것만으로는 한계가 드러난다. 바로 그 지점에서 리더십이 결정적인 역할을 한다.

전문성은 어느 순간 정점에 다다른다. 그 분야의 최고가 아니더라도 성과를 내다 보면 역할이 변화하고, 새로운 문제 해결 방식과 관점이 요구된다. 그때 필요한 것이 리더십이다. 성장의 관점에서 보면 전문성은 곧 '기본'이 되고, 리더십의 비중이 점점 커진다. 그래서 리더에게는 특정 전문성을 기반으로 폭넓은 시각을 지닌 'General-Specialist'가 더 어울릴지도 모른다.

  리더는 모든 일을 혼자 해낼 수 없다. 대신 더 많은 사람들에게 긍정적인 영향을 주고, 연결과 협업을 통해 시너지를 만들어야 한다. 그래서 전문성보다 중요한 것이 리더십이다. 이는 조직에만 필요한 것이 아니라, 누구나 자기 인생의 리더가 되어야 하기 때문에 더 의미가 깊다. 우리는 늘 의사결정을 내리고, 동기를 부여하며, 솔선수범해야 할 순간을 맞는다.

  첫 리더 경험의 실수, 타인의 성장을 돕는 과정에서의 배움, 전문성을 넘어야 했던 현실이 나를 리더십의 세계로 이끌었다. 이제 나는 리더십을 기술이나 역할이 아닌 가치와 철학, 삶의 태도로 보고 함께 나누고 싶다. 그리고 꼭 전하고 싶은 말이 있다. 좋은 리더가 되는 가장 빠른 길은 자기 자신을 제대로 이끄는 것이다. 자신조차 설득하지 못하는 사람은 타인을 이끌 수 없다. 모든 리더십은 자기 자신과의 관계에서 시작된다.

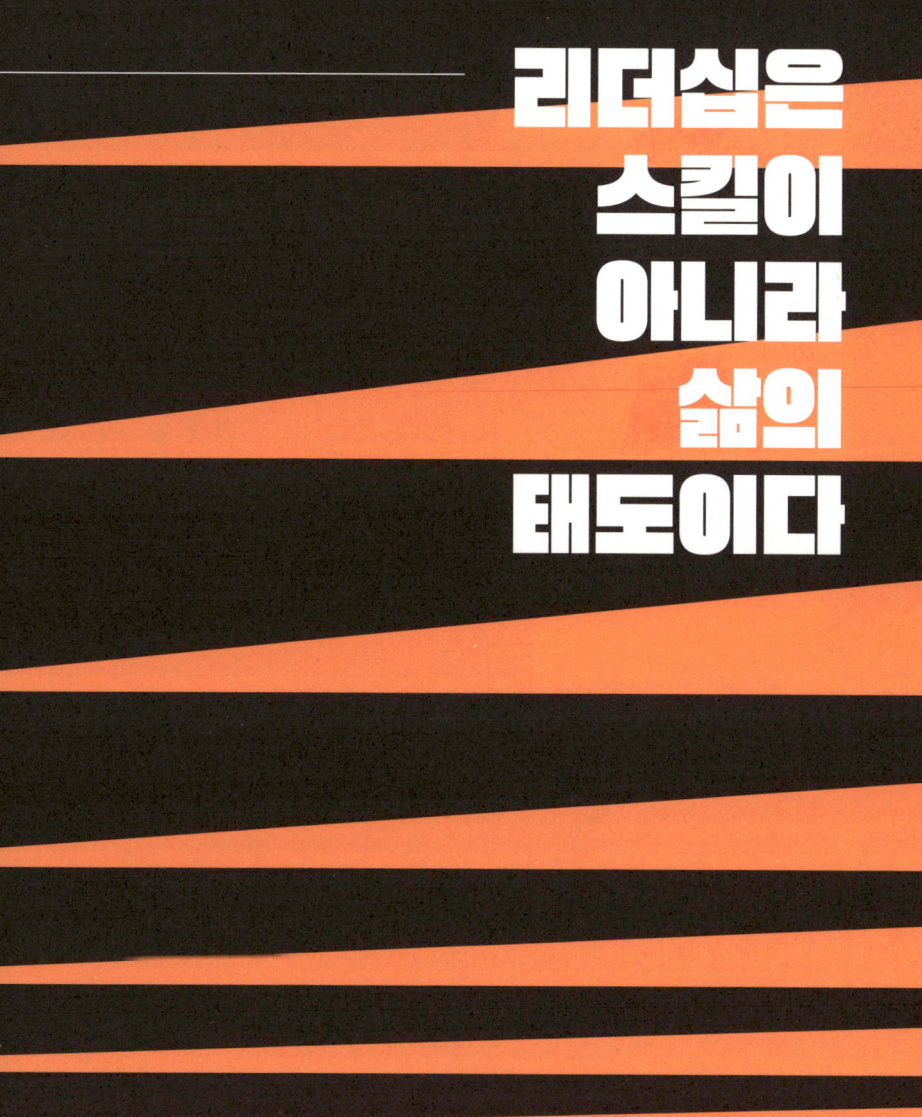

삶을 이끄는 힘, 태도의 리더십

리더십은 흔히 직장에서 필요한 기술이나 도구로 여겨지곤 한다. 그러나 리더십은 단순한 스킬이 아니라, 삶을 주도적으로 살아가기 위해 누구나 갖추어야 할 태도이자 철학이다.

조직 안에서 리더는 지위나 권위 이전에 공동의 목표를 향해 나아가며 타인과 관계를 맺고 유지하는 역할을 한다. 진정한 리더십은 개인의 삶을 긍정적으로 변화시키고, 주변 사람들과 함께 성장할 수 있도록 돕는다. 또한 공동체에 참여함으로써 사회적 책임을 실천하고, 더 나은 세상을 만드는 데 기여할 수 있다.

태도는 감정, 신념, 행동의도를 포함하는 심리적 구조로 이루어지며, 경험과 환경에 따라 변화한다. 이러한 태도는 언어, 표정, 행동 등 다양한 방식으로 표현된다.

"태도가 운명을 결정한다"는 말처럼, 태도는 인생의 방향을 좌우할 만큼 중요하다. 이와 관련하여 미국의 작가 지그 지글러Zig Ziglar는 "인생의 고도를 결정하는 것은 재능이 아니라 태도다It's attitude, not your aptitude that will determine your altitude"라는 말을 남기기도 했다. 즉, 사람의 신념은 생각을 만들고, 생각은 말로 이어지며, 말은 행동으로 드러난다. 행동은 습관이 되고, 습관은 가치를 만들며, 그 가치는 결국 운명을 결정짓는 데 영향을 미친다.

리더십에는 기술이 필요하지만, 그보다 중요한 것은 태도다. 리더의 태도는 곧 삶의 태도와 맞닿아 있으며, 이는 관계 형성과 신뢰 구축의 기반이 된다. 사람은 함께할 때 더 큰 성과를 내기에 조직을 만들고, 공동의 목표를 세워 달성해 나간다. 이 과정에서 개인은 사회적 관계망을 확장하고 더 나은 인간관계를 형성하며, 잠재력을 실현 가능한 역량으로 전환시켜 지속 가능한 성장의 기반을 마련한다.

따라서 리더십은 단순한 생존 기술이나 역할 수행을 넘어 삶의 태도로 확장된다. 좋은 관계를 만들고, 공동체에 기여하며, 스스로와 함께 성장하는 리더십은 더 나은 삶과 세상을 만든다. 이를 위해 리더는 타인을 이끌기 전에 먼저 자신을 이끌어야 하며, '어떻게 살 것인가'와 같은 근본적인 질문을 통해 태도를 정립해야 한다. 직무

성과만으로 훌륭한 리더가 될 수 없으며, 빈약한 철학은 결핍된 리더십을 낳는다.

리더십 스킬은 분명 유용하지만, 그것만으로는 충분하지 않다. 좋은 태도는 기술보다 익히기 어렵고, 자기 성찰과 자기인식에서 출발해 가치관, 동기, 행동양식으로 드러난다. 책임감 역시 추상적 개념이 아니라, 말과 행동을 통해 구체화될 때 의미가 있다.

결국 리더십은 삶을 이끄는 철학적 태도에 가깝다. 사람과의 관계, 공동체와의 연결, 성장의 방향을 결정하는 기준이 되며, 열정·책임·신뢰·용기 같은 가치가 모든 순간의 말과 행동에 드러나야 한다. 이런 태도는 타인의 삶을 변화시키고, 다시 자신의 삶을 변화시킨다. 리더십은 자신의 태도를 통해 더 나은 나, 우리, 세상을 향해 나아가는 여정이다.

좋은 리더십을 위하여
마음 속의 GPS를 켜자

우리가 목적지로 향할 때는 가장 효율적인 길을 안내하는 네비게이션에 의존한다. 네비게이션은 GPS_{Global Positioning System} 위성에서 발신된 전파를 수신해 위치를 파악하는 시스템이다. 마찬가지로, 삶과 일의 여정에서 올바른 목적지를 향하려면 태도를 기반으로 한 '내면의 GPS'가 필요하다.

리더십 GPS의 첫 번째 요소인 G는 Goal을 의미한다. 모든 조직에는 존재 이유와 지향점이 있다. 존재하는 이유를 조직의 사명 Mission이라고 한다면, 조직의 목표는 비전Vision에 가깝다. 리더십은 이 목표와 비전을 명확히 제시하는 데서 출발한다. 장기 비전을 이해하고, 그에 맞는 단기 목표를 설정해 구성원들이 한 방향으로 나아가도록 돕는 것이 리더의 역할이다.

리더에게 방향 설정은 가장 중요한 책무 중 하나다. 지도 없이 알 수 없는 곳으로 달리는 운전자에게 몸을 맡길 수 없듯, 리더도 분명한 목적지와 경로를 제시해야 한다. 그 방향은 타인과 공동체를 위한 것이면서, 동시에 스스로 걸어온 길과 스스로에 대한 책임에서 비롯돼야 한다.

목표는 흔히 'SMART' 원칙을 따르는 것이 좋다고 한다. 즉, 구체적Specific이고, 측정 가능하며Measurable, 달성 가능하고Achievable, 현실과 관련성이 있으며Realistic, 시간 기반의Time-bound 기준을 갖춰야 한다. 불분명한 목표는 구성원의 방향성을 흐리게 하므로, 실현 가능한 기준이 필요하다.

또한 목표는 주기적으로 점검하고, 변화에 맞춰 유연하게 조정해야 한다. 이 과정은 투명하고 공정하게 운영되어야 하며, 그래야 구성원들이 목표 달성에 대한 동기를 지속적으로 유지할 수 있다.

두 번째 요소 P는 People, 즉 사람 중심의 태도를 뜻한다. 성과는 결국 사람이 만든다. 훌륭한 리더십은 구성원의 다양성과 감정을 이해하는 데서 시작된다. 감성지능과 정서적 민감성이 부족하면 동기를 부여하거나 협력을 이끌어내기 어렵다. 사람 중심의 리더십은 구성원 각자의 목표와 가치를 존중하고, 정기적인 피드백과 코칭을 통해 개인의 성장을 조직의 역량으로 확장시키는 데서 발휘된다.

세 번째 요소 S는 System이다. 이는 제한된 시간과 자원을 효율적으로 활용하기 위한 체계적인 업무 방식을 의미한다. 시스템은 단순한 기술적 구조물만이 아니라, 조직문화, 커뮤니케이션, 업무 프로세스 등 일하는 방식 전반을 포함한다. 잘 설계된 시스템은 낭비를 줄이고, 변화에 유연하게 대응하며, 데이터 기반 의사결정을 가능하게 한다. 이를 위해 조직은 성장형 마인드셋growth mindset을 갖추고 실패를 학습의 기회로 삼는 문화를 만들어야 한다.

리더는 목표Goal, 사람People, 시스템System의 균형을 늘 마음속에 두어야 한다. 이 세 요소가 조화를 이루어 작동할 때, 리더는 일관성 있는 태도를 유지하며 상황에 맞춰 리더십 스타일을 유연하게 조정할 수 있다. 또한 좋은 리더는 자신의 스타일과 성과를 지속적으로 성찰하고 개선한다.

결국 모든 사람은 자신의 삶에서 리더가 되어야 한다. 자기 삶의 주인이 되지 못하면 타인에게 긍정적인 영향을 줄 수 없다. 삶은 '살아지는' 것이 아니라 '살아가는' 것이며, 원하는 삶을 이루기 위해서는 이 GPS 원리를 삶에도 적용해야 한다. 그것이 태도의 힘이다.

리더십은 자기인식과 성찰에서 시작된다

태도의 연장선에서, 델포이 아폴로 신전에 새겨진 경구 "너 자신을 알라"를 떠올릴 필요가 있다. 수많은 철학자와 사상가들이 되새겼듯, 자기 자신에 대한 무지를 깨닫고 이를 극복하려는 노력은 모든 인간적 성장의 출발점이자 리더십의 시작이다.

좋은 리더에게 자기인식은 가장 기초적인 자질이다. 이는 단순히 자신을 아는 차원을 넘어, 지속적인 성찰과 발견을 통해 내면의 기반을 다지는 과정이다. 자기인식을 통해 사람은 나아갈 방향을 정하고, 타인을 이끌 힘을 축적한다.

누군가를 이끌어야 한다는 책임감이나 강박에 앞서, 스스로의 내면과 진지하게 마주하며 더 나은 자신이 되려는 노력을 멈추지 않는 사람만이 진정한 리더가 될 수 있다. 자신의 강점과 약점을 정확히 아는 사람만이 관계 속에서 균형을 잡고, 중요한 순간 중심을 지킬 수 있다.

자신의 감정이 어디서 비롯되고 어떤 상황에서 흔들리는지를 인식하며, 무엇이 성장을 이끄는지 탐색하는 과정이 필요하다. 자기인식은 한 번의 깨달음이 아니라, 일상의 반복 속에서 자신을 점검하고 다듬어 가는 꾸준한 실천이며, 리더십은 결국 남을 이끌기 전에 자신을 아는 것에서 출발한다.

그러나 자기인식은 말처럼 쉽지 않다. 그 이유 중 하나는 '평균 이상 효과Better than average effect' 나 '더닝 크루거 효과Dunning-Kruger effect'와 같은 인지편향에서 찾을 수 있다. 관련 연구에 따르면, 운전자의 93% 이상이 자신이 평균 이상으로 운전을 잘한다고 생각하고, 범죄자의 3분의 2 이상은 다른 죄수보다 도덕적이라고 믿는다. 또한 교수의 94% 이상이 자신의 연구 결과가 동료보다 더 뛰어나다고 평가하는 경향을 보인다.* 즉, 인간은 보통 자기를 객관적으로 인식하지 못한다.

그렇기에 리더십이 제대로 발휘되기 위해서는 구성원 및 동료와의 신뢰, 소통 등 여러 요소가 중요하지만, 그보다 앞서 리더 스스로의 자아성찰Reflection이 리더십의 출발점이 되어야 한다. 고로, 보통의 인간이 가진 편향성을 스스로 극복하는 것이 객관적인 자기 인식의 핵심이라 말할 수 있다.

자기인식을 강조하는 이유는 분명하다. 자기인식이 부족한 리더는 나침반 없이 항해하는 선장과 같다. 내가 누구인지, 어디로 향하는지 모른 채 잠재력이나 과거의 경험에만 의존한다면, 방향도 중심도 없는 리더십이 될 수밖에 없다. 많은 리더가 바다로 나아가는 선장이 될 때, 자신의 경험만 믿고 날씨·파도·식량·자원·선원 등 필수 조건을 고려하지 않은 채 항해를 시도한다. 이런 자기중심적 사고는 현실 인식을 가로막고 판단을 흐리게 한다.

리더가 되려면 먼저 자신에게 물어야 한다. "나는 지금 어디로 가

---

* Alicke, M. D., & Govorun, O. (2013). The better-than-average effect. In The self in social judgment (pp. 85-106). Psychology Press.

고 있는가?" 이 질문에 정직하게 답할 수 있을 때 비로소 타인에게 방향을 제시할 수 있다. 리더십에서 가장 먼저 대화를 나눠야 할 대상은 타인이 아니라 자기 자신이다. 그렇다면 자기인식이 왜 그렇게 어려운 걸까?

첫째, 성공의 함정 때문이다. 과거의 경험과 전략이 성과를 가져왔더라도 새로운 환경에는 새로운 접근이 필요하다. 그러나 예전 방식을 고집하면, 타성에 젖고 '내가 옳다'는 생각이 강화되며 다른 시선에 귀를 닫게 된다. 시야는 좁아지고 판단은 독단적이 되며 변화에 뒤처진다.

둘째, 솔직한 피드백의 부재다. 위치가 높아질수록 주변은 말을 아끼고, 부정적인 피드백은 줄어든다. 비판을 듣기 어려워지고, 듣더라도 방어적으로 반응하면서 자기 과대평가의 함정에 빠지기 쉽다.

셋째, 내면을 돌아볼 시간이 부족하다. 성과와 외부의 인정에 집중하다 보면 내면의 목소리와 멀어진다. 스스로를 점검하는 훈련이 부족한 리더는 외부 기준에 휘둘리며 방향을 잃게 된다.

결국 리더십은 재능보다 수양의 문제다. 꾸준한 자기 성찰과 태도의 힘이 있다면, 타고난 리더가 아니어도 충분히 훌륭한 리더가 될 수 있다.

자기중심성이 바로
내로남불

자기인식이 결여되면 그 자리를 자기중심성이 메운다. 자신의 위치, 능력, 성향을 제대로 이해하지 못하면 내면에 확고한 기준이나 가치 판단의 축이 잡히지 않는다. 그러면 자신의 이익을 우선하거나 모든 상황과 관계를 자기 입장에서만 해석하는 실수를 반복하게 된다.

리더십의 영향력은 조정coordination과 영감inspiration처럼 다양한 방식으로 발휘될 수 있다. 하지만 같은 결과를 보더라도 어떻게 해석하느냐에 따라 반응은 전혀 달라진다. 해석이 왜곡되는 순간은 대부분 자기인식이 부재할 때다. 예를 들어, 다른 팀이 성과를 내면 "운이 좋네. 시장 상황이 도와준 거지"라고 평가하면서, 정작 자기 팀이 성과를 내면 "우린 역시 대단해. 이렇게 어려운 상황에서도 해내잖아"라고 말한다.

이러한 '같은 상황, 다른 해석'은 단순한 착각이 아니라 심리적 방어기제의 한 형태다. 자존감을 지키려는 무의식적 장치이지만, 남에게는 엄격하고 자신에게는 관대한 태도를 강화한다. 자기인식이 부족할수록 이런 편향은 심해지고, 상대에게 더 높은 잣대를 들이대게 된다. 리더는 자신의 왜곡된 판단과 해석이 조직과 관계에 미치는 영향을 인식해야 한다. 그리고 그 출발점은 언제나 정직한 자기인식이다.

귀인 이론Attribution theory은 자신이나 타인의 행동 원인을 추론하는 과정을 설명하며, 리더의 태도를 점검하는 데 유용*하다. 이 이론에서는 행동의 원인이 크게 두 가지로 나뉜다. 내부 귀인은 성격·능력·노력 등 개인의 내적 요인에서 원인을 찾는 것이고, 외부 귀인은 환경·운·상황과 같은 외적 요인에 귀속시키는 것이다. 보통 사람들은 자기 행동을 평가할 때 성공은 내부 요인에, 실패는 외부 요인에 귀인하려는 경향이 있다. 반면 타인의 행동을 평가할 때는 성공을 외부 요인에, 실패를 내부 요인에 귀인하는 경향이 나타난다.

이러한 왜곡을 줄이기 위해 리더는 판단 전에 시간을 두고 애정을 가지고 관찰해야 한다. 또한 자신과의 대화를 통해 스스로를 객관화하는 연습이 필요하다. 자기중심적 사고를 줄이는 출발점은 자기인식이며, 이는 리더십의 기본이자 중요한 삶의 태도다. 감성 리더십에서도 첫걸음은 자기 통제에서 시작된다. 결국 상황 인식은 외부 탓보다 스스로 할 수 있는 가능성에 집중해야 하며, 리더가 자신에게는 엄격하고 타인에게는 따뜻한 시선을 가질 때 내부 귀인과 외부 귀인의 균형 잡힌 시각이 만들어진다. 그렇게 되면 '내 덕, 네 탓'을 '내 탓, 네 덕'으로 바꾸는 태도가 가능해진다. 말장난 같지만, 결국 귀인歸因을 잘 하는 사람이 귀인貴人이 된다.

이런 태도는 평판으로 이어진다. 평판은 자신이 의도하지 않은 부분이 부각되거나 축소되어 드러나기 쉽고, 리더의 위치에 오르면

---

* Weiner, B. (2012). An attributional theory of motivation and emotion. Springer Science & Business Media.

솔직한 피드백 기회가 줄어드는 경향이 있다. 따라서 직장에서 자신을 잘 알고 관찰하며, 꾸준히 피드백을 주는 존재는 매우 소중하다. 반대로 달콤한 말만 하는 사람은 문제가 생겼을 때 가장 먼저 등을 돌릴 가능성이 크다. 건강한 관계란 단지 좋은 사이를 의미하는 것이 아니라, 서로를 진심으로 응원하며 장점뿐 아니라 불편한 문제까지도 솔직히 피드백 할 수 있는 관계다.

인지적 구두쇠 이론에 따르면, 많은 사람들은 다른 사람을 세심하게 관찰하는 데 에너지를 쓰기보다, 겉으로 드러난 말과 행동만 보고 단정하는 경향이 있다. 좋은 평판은 평판 자체를 위해 존재하는 것이 아니라, 신독愼獨처럼 보이지 않는 곳에서도 자신의 말과 행동에 주의를 기울일 때 자연스럽게 형성된다.

실력이나 언행으로 보여준 바 없이 스스로 괜찮은 사람이라고 믿는 것은 착각일 뿐이며, 오히려 평판을 스스로 깎아 먹기 쉽다. 그렇다고 평판을 의식해 연기하듯 사는 것은 더 피곤한 일이고, 그 연기는 금세 들통난다. 평판은 숨겨진 약점을 내포하기 때문에 좋은 선배·동료·후배가 없다면 스스로 파악하기 어렵다. 결국 평판은 자신이 만든 모습이므로, 거울을 들여다보듯 스스로를 성찰하는 노력이 필요하다.

좋은 평판은 자기중심성을 벗어나 자기인식을 바탕으로 한 태도에서 출발한다. 그것이 말과 행동으로 드러나고, 관계 속에서 검증되며 정의된다. 벤자민 프랭클린이 말했듯, 좋은 평판을 쌓는 데는 많은 선행이 필요하지만, 그것을 잃는 데는 단 하나의 나쁜 행동이면 충분하다. 워렌 버핏의 말처럼, 명성을 쌓는 데는 20년이 걸리지만 무너뜨리는 데는 5분이면 족하다. 그래서 리더에게는 진정성과 올바른 태도를 지키는 꾸준함이 무엇보다 필요하다.

어떻게 해야 하는지 묻기 전에
어떤 리더가 될 지 생각해야 한다

자기인식과 성찰이 리더십의 출발이라는 점에서, 리더는 자신의 현재 모습과 되고 싶은 리더의 모습을 함께 그려볼 필요가 있다. 동경하는 리더십이 있다면 무작정 따라 하거나 흉내 내기보다, 지금의 자신을 객관적으로 살펴야 한다. 부족한 것은 채우고, 과한 것은 덜어내야만 동경을 현실로 바꿀 수 있다.

그런 의미에서 나는 새롭게 리더의 역할을 하게 되는 사람들을 만나게 되면 사진 두 장을 보여주면서 묻는다.

"이 두 사진의 공통점은 무엇이라 생각하십니까?"

강속구 투수와 초고속 치타

대부분은 "빠르다", "강하다", "역동적이다"와 같은 대답을 한다.

첫 번째 사진은 강속구를 던지는 투수, 두 번째는 세상에서 가장 빠른 동물 치타가 전력 질주하는 모습이다. 겉으로는 빠르고 강한 이미지를 주지만, 내가 전하고 싶은 메시지는 '유연함'이다. 강속구를 던지고 치타처럼 달리기 위해서는 반드시 유연해야 한다. 잘해야 한다는 압박과 책임감에만 사로잡혀 경직된다면, 공은 더 이상 힘 있게 뻗지 못하고 속도도 나지 않는다.

당장의 성과만 좇고 그 과정에 대한 고민이 부족하면, 성과의 원천인 사람을 돌보지 못하게 된다. 그 순간부터 리더는 '우리'가 아니라 '나'의 긴장과 욕심에 갇히고, 말과 행동·생각이 경직된다. 유연함 없이 강속구를 던지거나 빠르게 달리는 것이 불가능하듯, 리더십도 경직된 상태에서는 발휘되기 어렵다. 적절한 긴장은 필요하지만, 리더는 자신과 타인 모두에게 숨 쉴 공간을 열어두어야 한다. 그 여유와 유연함이 있어야 사람들이 함께 움직일 기반이 마련된다.

많은 사람들이 "리더는 어떻게 해야 하나요?"라고 묻는다. 하지만 이 질문을 "어떤 사람이 리더가 되어야 하는가?"로 바꾸면, 스스로 답을 찾게 된다. 리더십의 형식을 묻기보다 내가 어떤 리더를 지향하는지 정리하는 것이 여정의 시작이다. 이를 위해서 '리더는 조직에서 가장 잘하는 사람'이라는 환상부터 내려놓아야 한다. 리더의 역할은 직접 하는 것이 아니라, 구성원이 잘할 수 있도록 돕는 것이다.

사람의 성격은 잘 바뀌지 않지만 성향은 변할 수 있다. 그러나 많은 리더는 누군가를 바꾸려는 전제에서 출발한다. 특히 신임 리더일수록 '변화시키는 리더'가 되고 싶어 한다. 하지만 다양성을 인정하지 않으면 '다르다'가 '틀리다'로 바뀌고, 변화의 대상은 항상 상대방이 된다. 리더는 누군가를 억지로 바꾸기보다 스스로 변화의 필요성을 느끼고 성장하도록 돕는 사람이어야 한다. 대한민국 축구 선수 중 손흥민 선수가 아무리 뛰어나다고 해도, 감독을 맡은 사람이 다른 특징을 갖춘 선수에게 "왜 너는 손흥민처럼 못하냐?"라고 묻지는 않는다. 각자의 장점을 발휘하게 하는 것이 리더의 기본이다.

리더는 직장뿐 아니라 삶의 태도에서도 자신을 돌아보고 잘 돌볼 줄 알아야 한다. 실패와 실수, 기대에 못 미치는 결과는 리더에게 일상적이다. 그래서 실패에서 배우는 태도, 그리고 피하지 않고 책임 있게 마주하는 자세가 필요하다. 이는 말이 아닌 행동으로 보여주는 책임감이며, 용기와 배포다. 실패 자체보다 '더 잘할 수 있다'는 믿음이 리더 자신을 이끄는 힘이자 타인을 이끄는 리더십이 된다.

또한 리더는 구성원이 리더의 기분을 살피며 하루를 시작하지 않도록 해야 한다. 표정, 제스처, 분위기 같은 비언어적 신호가 이미 구성원들에게 메시지가 되기 때문이다. 본인만 모른다면 그것은 자기인식 부족의 신호다. 리더는 운동, 독서, 취미 등으로 스트레스를 관리하며 안정감을 유지해야 한다. 일이 시작되기도 전에 구성원이 눈치를 볼 이유는 없다.

리더가 필요한 이유와
리더가 되고 싶지 않는 이유

좋은 리더가 어떤 모습인지는 누구나 경험을 통해 어느 정도 알고 있다. 다양한 스승과 반면교사의 모습을 한 리더들과 함께 지내며, 마음속에 자신이 원하는 리더상을 그려보게 된다.

하지만 최근에는 리더가 되고 싶지 않다는 생각들이 많아지면서, 리더 역할이나 팀장의 직책을 맡는 것을 두려워하거나 회피하는 현상을 의미하는 '리더 포비아Leaderphobia' 혹은 '팀장 포비아'라는 신조어까지 생겨났다. 이는 단순한 트렌드라기보다, 장기적으로 리더의 필요성이 희미해지는 흐름이 아닌지 우려된다.

잡코리아의 조사에 의하면 MZ 세대 직장인 절반 이상은 회사 생활을 하며 임원 승진에 생각이 없는 것으로 나타났으며, 그 이유는 '책임져야 하는 위치에 대한 부담감' 때문인 것으로 나타났다.* 또 업무량과 재직기간에 대한 인식을 조사한 결과에서도 남들만큼 일하고, 남들만큼 다니는 것으로 충분하다는 답변이 많아 눈길을 끌었다.

한때는 임원이 직장인의 꽃으로 불렸고, 대기업에서 임원이 될 확률이 0.7%에 불과했기에 높은 보상과 명예가 따라왔다. 하지만 지금은 그 지위와 보상을 부러워해도, 그들의 삶 자체를 동경하지 않는다는 시각이 많아졌다.

---

* 연합신문, MZ 직장인 절반 이상 "임원 승진 생각 없다", 2023년 5월 12일 김기훈 기자

줄지어 나아가는 행렬나방 애벌레

　이런 변화 속에서 리더가 될 필요성을 느끼지 않거나, 스페셜리스트로 만족하는 사람들이 늘고 있다. 이는 책임 부담, 워라밸의 희생, 상하로 눈치를 봐야 하는 환경, 그리고 과거보다 직접 수행해야 하는 업무가 많아진 현실이 만든 결과다. 그러나 조직은 개인에 완벽히 맞출 수 없고, 성장을 멈춘 채 보상과 동기를 유지하기도 어렵다. 정체와 퇴보는 본질적으로 크게 다르지 않기에, 리더라는 역할을 피하는 것만으로는 미래를 지킬 수 없다.

　명확한 해법을 찾기는 어렵지만, 크고 작은 조직에는 늘 리더가 존재해왔고 앞으로도 그럴 것이다. 혼자가 아닌 '함께'의 가치는 여전히 강력하며, 사회적 네트워크 속에서 유대와 결속을 형성하는 조직의 필요성은 변하지 않는다. 따라서 리더의 존재 이유와 그 역할의 중요성을 분명히 인식해야 한다.

리더의 필요성과 중요성을 설명하기 위해 '행렬나방 애벌레 Processionary caterpillar'의 사례를 들어보자. 이름처럼 이 애벌레들은 앞선 개체를 뒤따르며 줄지어 이동한다. 처음에는 천적으로부터 자신을 지키기 위한 전략처럼 보이지만, 실제로는 단순히 '앞의 애벌레를 따라가면 먹이가 있었다'는 경험과 습성 때문이다. 앞서간 애벌레가 남긴 흔적을 나침반 삼아 뒤따르는 것이다.

곤충학자 파브르는 이를 실험*으로 확인했다. 직선으로 이동하던 애벌레들을 원형으로 배열해 서로의 꼬리를 따라 돌게 했더니, 이들은 6일 밤낮을 제자리에서 맴돌다 대부분 굶어 죽었다. 마라톤 3.5회에 해당하는 에너지를 소모하고도, 굶주림을 감지하거나 방향을 틀 생각을 하지 못한 것이다. 살아남은 소수만이 원을 벗어나 먹이를 찾았지만, 대다수는 파멸에 이르렀다.

이 애벌레들은 자신의 생존을 위해 최선을 다해서 움직이고 또 움직였을 것이다. 먹이라는 목표를 향해 그동안 해왔던 방식 그대로, 앞의 녀석 꼬리에 머리를 박고 열심히 움직였을 것이다. 그러나 이 애벌레들 중 어느 누구 하나 이렇게 하면 굶어 죽을 것을 감지하고, 이탈을 시도해서 새로운 길을 열 생각을 못 했기에 파멸에 이른 것이다.

이처럼 조직도 환경 변화와 위협에 직면한다. 구성원 모두가 변화를 시도할 수도 있지만, 무엇보다 중요한 것은 이를 감지하고 방향을 바꿀 수 있는 리더다. 누군가 맨 앞에서 새로운 길을 열어 주기

---

* Fabre, J. H. (1919). The life of the caterpillar. Dodd, Mead.

만 했다면, 모든 애벌레가 생존하고 성체로 성장했을 것이다. 리더가 없다면, 혹은 있어도 방향을 제시하지 못한다면, 조직은 빛 없는 터널에 갇힌 것과 다르지 않다.

따라서 리더는 단순히 보상을 받는 자리가 아니라, 많은 이들에게 롤모델이 되고 조직문화를 바꾸는 역할을 해야 한다. 좋은 리더가 많아질수록 조직과 사회는 더 강하고 건강해진다. 수년 후 설문을 다시 한다면, 더 많은 사람들이 리더가 되기를 주저하지 않기를 바란다. 존 퀸시 아담스가 말했듯, "누군가의 행동이 많은 사람들에게 더 많은 꿈을 꾸고, 더 배우고, 더 많은 일을 하도록 영감을 준다면, 그 사람이 바로 리더"이기 때문이다.

리더는
어떤 사람이어야 하는가?

과거 라디오 방송에서 1996년, 미그기를 몰고 귀순했던 이철수 대령의 인터뷰를 진행한 적이 있다. 그는 북한에서 공군 조종사로 복무했으며, 남한으로 귀순한 이후에는 2022년까지 우리나라 공군에서 대령으로 예편했다. 그 과정에서 수많은 나라의 공군들과 연합훈련을 했는데, 단연코 미군이 최고의 군대였다고 말했다.

그 이유를 묻자 그는 이렇게 답했다. "전쟁이 나면 리더가 제일 먼저 나가 싸우고, 맨 마지막에 돌아오기 때문입니다." 우리는 미군의 힘을 무기나 보급 체계에서 찾기 쉽지만, 그 진짜 힘은 리더십에 있었다. 앞장서 싸우고 끝까지 책임지는 리더가 있는 군대였던 것이다.

사이먼 사이넥은 『리더는 마지막에 먹는다』에서 미 해병대 장교와의 인터뷰를 소개한다. 해병대에서는 병사들이 먼저 식사하고 장교가 남은 음식을 먹는다. 전쟁에서 음식은 생존 그 자체이기에, 병사를 먼저 챙기는 전통과 신념이 지금까지 이어지고 있는 것이다. 그는 또 폭격 속에서 아이를 품에 안은 어머니의 모습을 리더십에 비유했다. 리더십은 단순한 지시가 아니라, 위험 속에서도 사람을 지키려는 태도에서 출발한다는 것이다.

영화 〈300〉의 스파르타 전사들 역시 같은 교훈을 준다. 그들은 방패를 들어 옆 전사를 지키며 하나의 견고한 방어벽을 만들었다. 방패는 단순한 무기가 아니라 서로를 지키는 신뢰의 상징이었다. 아프가니스탄 전장에서 동료를 구하기 위해 뛰어든 윌리엄 스웬슨 장군의 말도 같다. "그들도 우리를 위해 기꺼이 그렇게 할 것이다." 이 한 문장이 리더십의 본질을 설명한다.

이런 태도는 '나'를 넘어서 '우리'를 강하게 만든다. 신뢰와 협동이라는 감정적 에너지가 사람들을 움직이게 하는 것이다. 위기를 극복하는 건 시스템이나 경영 전략이 아니라 언제나 리더십의 힘이었다. 그렇기 때문에 리더는 사람을 소모성 자원이 아니라 보호의 대상으로 인식하고, 그들을 사회적 위협으로부터 지켜줄 수 있어야 한다.

훌륭한 리더는 전문성만으로 평가되지 않는다. 사람을 진심으로 아끼는 마음이 출발점이다. 위험을 가장 먼저 감수하고, 구성원을 위해 스스로를 희생할 수 있는 용기가 있어야 한다. 사람들은 그런 리더의 행동을 보며 마음속에서 따라야 할 이유를 느끼고, 자발적으로 헌신할 준비를 하게 된다. 이것이 바로 인간의 본성에서 비롯된 진짜 리더십이다.

누군가 구성원에게 묻는다. "왜 리더 때문에 그렇게까지 해야 하죠?" 그에 대한 대답도 같다. "그들도 우리를 위해 기꺼이 그렇게 할 것이다" 이 말이 진심으로 나올 수 있게 만드는 게 리더의 태도다. 반면, 리더를 권력자나 지배자로만 인식하게 만들면, 구성원들은 시키는 일만 흉내 낼 뿐, 진심으로 따르지는 않는다. 리더에 대한 존경은 자리에 있지 않고, 태도에 있다.

사이먼 사이넥이 말했듯, 구성원들은 리더의 희생과 헌신에 감동하며 감사의 표시로 존경을 보내는 것이다. 따라서 "하자"라는 말에는 리더가 직접 먼저 움직여야 힘이 생긴다. 그냥 돌아가길 바라는 조직은 없다. 움직이지 않는 리더 밑에서 성과는 절대 만들어지지 않는다.

물론 이런 리더십이 다소 이상적으로 들릴 수도 있다. 여전히 현실에는 숫자를 위해 사람을 희생시키는 경우도 많다. 그러나 리더십의 핵심은 언제나 신뢰와 협동이다. 구성원을 보호하고 성장시키며, 먼저 행동하는 리더가 있는 곳에만 진짜 성과와 변화가 찾아온다. '리더'라는 이름이 주어졌다면, 그 무게 역시 기꺼이 감당할 준비가 되어 있어야 한다.

리더는 타고나는 것인가? 만들어지는 것인가?

타고나는 것일까, 아니면 노력으로 만들어지는 것일까? 겉보기에는 단순한 원리 같아 보여도, 막상 실천하려 하면 쉽지 않다. 개인의 성향과 한계, 현실적인 제약 앞에서 '생각보다 어렵다'는 벽을 마주하게 된다. 많은 이론과 훌륭한 사례를 접해도, 그것을 행동으로 옮기고 내면화하는 일은 전혀 다른 차원의 문제다.

역사 속 뛰어난 리더들을 보면 타고난 재능의 영향도 있겠지만, 성장의 관점에서 보자면 리더십은 학습과 훈련으로 만들어지는 경우가 많다. 시대와 환경이 변하면 리더의 역할도 달라지기에, 위대한 리더는 지속적인 학습과 경험 속에서 성장한다. 반드시 영웅이 아니더라도, 누구나 자신의 삶 속에서 리더십을 발휘할 수 있다. 타고난 소질보다 중요한 건, 일상에서 쓰고 배우며 다듬어가는 태도다. 결국 리더십의 출발점은 '남'이 아니라 '나'다.

좋은 리더의 첫 번째 자질은 자기 인식이다. 자신을 잘 아는 리더는 상황에 잘 적응하고, 피드백을 유연하게 받아들인다. 자기 인식이 부족하면 객관성을 잃고, 감정과 판단의 균형도 흐트러진다.

둘째로, 리더는 윤리적인 의사결정을 해야 한다. 내부든 외부든, 리더는 결정의 중심에 서게 된다. 모든 이해관계자에게 이익이 되는 선택을 고민하는 것, 그것이 리더의 역할이다. 단지 몇 사람에게만 유리한 결정보다, 더 넓은 시야에서 옳고 그른 것을 판단하는 기준이 요구된다.

셋째로는, 감성지능이 필요하다. 감성적으로 민감하고 공감 능력이 뛰어난 리더는 조직 전체의 분위기를 잘 읽어낸다. 단순히 성과 중심의 시선이 아니라, 사람에 대한 관심과 진정성이 함께 따라온다. 감성지능이 높은 리더일수록, 실행력이 강하고 인간적인 신뢰를 이끌어내는 리더십을 발휘하게 된다.

넷째는, 구성원의 잠재력을 끌어올릴 수 있는 역량이다. 좋은 리더는 스스로의 업무 능력을 자랑하는 사람이 아니라, 구성원이 제 역할을 다 할 수 있도록 도와주는 사람이다. 팀원들의 강점을 발견하고, 적절한 자리에 배치하여 잠재력을 발휘하게 만드는 것이 리더의 본질적인 역할이다.

다섯째는, 책임과 신뢰성이다. 책임감 있는 리더는 구성원들로부터 신뢰를 얻는다. 약속을 지키고, 일관성 있게 행동하며, 결정에 있어서도 중심을 잡는 태도는 구성원에게 안정감을 준다. 신뢰할 수 있는 리더 밑에서는 팀도 더 강하고 유연하게 성장한다.

리더십은 타고나는 것이 아니라, 선택과 행동이 쌓여 만들어진다. 직책이 있어야만 리더가 되는 것이 아니라, 삶의 순간마다 방향을 세우고, 사람과 소통하며, 실패 속에서 성장하는 사람이 곧 리더다. 자기 삶에 책임을 지고, 타인의 이야기에 귀 기울이며, 가치 중심의 행동을 실천하는 사람이라면 이미 리더십을 살아내고 있는 것이다. 리더십은 직장만이 아니라 모든 사람이 갖춰야 할 삶의 태도다.

리더는 잘난 사람이 아니라 역할 수행자

 리더는 욕을 먹기 가장 쉬운 자리에 있다. 공식적인 권한을 가지고 성과와 역량을 평가하는 동시에, 동료·구성원·상사로부터 끊임없이 평가받는다. 그래서 리더십은 '평가하는 자리이자 평가받는 자리'라는 이중적 속성을 지닌다. 하지만 유능하다고 해서 반드시 좋은 리더가 되는 것은 아니다. 대표적인 예가 삼국지의 제갈량이다. 그는 탁월한 전략가였지만, 사람을 다독이거나 후계자를 세우는 안목, 동료와의 협업에서는 한계를 보였다. 사후 촉나라가 빠르게 쇠퇴한 것도 그의 리더십의 약점을 드러낸다.

 리더십에서 중요한 것은 자기중심성을 어떻게 다루느냐다. 자기확신이 너무 강하면 독선적으로 비치고, 부족하면 중심 없이 흔들린다. 독단적인 리더는 구성원의 역량을 억누르고, 중심이 없는 리더는 추진력을 잃는다. 따라서 옳고 그름의 이분법보다, 무엇이 부족하고 왜 그런지를 성찰하는 태도가 필요하다. 자기중심성이 강한 사람일수록 관계를 위계로 나누고, 권위와 친분을 과시하며, 남의 일에 과도하게 개입하는 경향이 있다. 리더라면 이런 태도를 경계하고 조절해야 한다.

 이를 위해서는 자신을 이해해 줄 파트너가 필요하거나, 스스로 마음의 여유와 자기 통찰을 가져야 한다. 욕구가 충족되지 않을 때 분노하거나 좌절하는 대신 명상, 글쓰기, 자기성찰 같은 습관을 통해 내면을 다스리는 것이 도움이 된다. 감성 리더십을 키워 대인관계를 성숙하게 만드는 것도 필요하다. 진정한 리더는 자신의 능력만 앞세우기보다 구성원의 가능성을 발굴하고 성장시키는 사람이다. 능력보다 태도가, 지식보다 관계에 대한 이해와 존중이 우선이다.

자기중심성을 낮추는 좋은 방법 중 하나가 '감사일기'와 '칭찬일기'다. 처음에는 쓸 말이 없어도, 의식적으로 몇 줄을 채우다 보면 감사할 일과 칭찬할 사람이 눈에 들어오기 시작한다. 보이지 않던 도움과 배려가 보이게 되면, 자기중심성은 줄고 따뜻한 시선이 자리 잡는다.

결국 리더십은 성찰에서 출발한다. 자기 자신을 이끌지 못하는 사람은 타인을 이끌 수 없다. 잘난 사람이 좋은 리더가 되는 것이 아니라, 좋은 태도를 가진 사람이 좋은 리더가 된다. 리더십의 시작은 자기중심성을 넘어서는 데 있으며, 진짜 리더십은 밖이 아니라 내 안에서 시작된다.

KSA 분석은 리더십을 이해하는 좋은 틀을 제공한다. 이것은 K Knowledge, S Skill, A Attitude의 세 가지 요인을 바탕으로 개인과 조직의 역량을 평가하고 개발하는 체계적인 접근 방식을 의미하는데 Knowledge와 Skill은 상대적으로 후천적인 노력에 의해서 상당부분 극복이 되지만 Attitude는 보통의 노력으로 만들어 지지 않으며 차이를 만드는 핵심적인 요인이 된다.

좋은 태도를 가진 리더는 수평적인 관계와 원활한 소통을 이끌어내지만, 그렇지 못하면 고립을 자초하기도 한다. 실제로 많은 리더가 "외롭다", "구성원에게 외면당하는 것 같다"는 심정을 토로한다. 성과와 관계 모두를 책임져야 하는 자리에서 느끼는 거리감은 직급이 높아질수록 더 깊어진다.

리더는 평가와 의사결정 권한을 가진 만큼, 친근한 관계가 공정성 논란으로 이어질 수 있다는 부담을 안고 있다. 그 결과 인간적인 접촉을 줄이면 의도치 않게 거리감이 생기고, 외로움은 더 커진다. 구성원들이 일상적인 유대감을 나누는 것과 달리, 리더의 관심 표현은 '업무의 일환'으로 오해받기 쉽다. 심지어 감정적으로 상처받은 리더가 보복 심리를 품으면 관계는 더욱 경직된다. 외로움이 외로움을 부르는 악순환이 시작되는 것이다.

외로움은 인간의 기본 욕구인 '친애 욕구'와 연결된다. 친밀감을 갈망하는 리더일수록 외로움에 취약하며, 이를 무리하게 해소하려다 반감을 사기도 한다. 특정 구성원에게 의존하거나 편애하는 듯한 태도는 조직 내 균열을 키운다. 따라서 리더는 자신의 욕구를 인식하고 조율하며, 감정에 끌려다니지 않고 관계를 안정시키는 중심이 되어야 한다.

외로움을 극복하려면 먼저 리더십을 '수직적 권한'이 아니라 '역할 수행'으로 인식하는 전환이 필요하다. 리더라는 위치가 고립을 동반할 수 있음을 받아들이고, 구성원 시절의 경험을 떠올리며 역지사지의 태도를 갖는 것이 중요하다. 감정은 업무에 불필요하게 개입되지 않도록 억제하고, 문제 해결 중심의 시각을 유지해야 한다. 자기관리야말로 리더십의 핵심이며, 자신을 다스릴 수 있어야 타인을 이끌 수 있다.

또한, 진정성 있는 소통은 외로움 해소의 중요한 열쇠다. 개별 코칭, 진심 어린 피드백, 일상의 짧은 대화도 관계 회복에 효과적이다. 동시에 독서, 운동, 취미 활동 등을 통해 정서적 회복력을 높이는 것이 필요하다. 완벽함을 내려놓고 불완전한 자신을 인정하는 순간, 관계의 진정성이 살아난다. 구성원이 리더의 고립과 부담을 이해하려는 태도를 가질 때, 서로에 대한 존중과 배려는 더욱 깊어지고, 외로움의 틈은 따뜻한 연결로 채워질 수 있다.

리더는 무엇으로
마음을 움직이는가?

미국의 시인이자 사상가 랄프 왈도 에머슨은 "누군가를 신뢰하면 그들도 너를 진심으로 대할 것이다. 누군가를 훌륭한 사람으로 대하면 그들도 너에게 훌륭한 모습을 보여줄 것이다"라고 말했다. 이 말처럼 인간관계에서 가장 중요한 것은 상대에 대한 진정성 있는 이해와 존중이다. 신뢰는 타인에게 요구하기에 앞서, 먼저 자신으로부터 시작된다. 리더란 단순히 앞서 나가는 사람이 아니라 스스로를 이끌며 함께 걸어가는 존재다. 자기 자신을 통제하지 못하고 스스로의 약속조차 지키지 못한다면, 타인에게 신뢰를 줄 수 없다.

수많은 리더십 이론을 살펴보아도, 결국 핵심은 리더의 진심 어린 소통이다. 화려한 언변이나 정교한 조직 운영 기술보다, 서툴더라도 진심이 담긴 말과 행동이 사람들의 마음을 움직인다. 진심은 말에만 머물러서는 전달되지 않으며, 반드시 행동으로 이어져야 한다. 말과 행동이 일치할 때 비로소 진정성이 증명된다.

직장인들이 느끼는 행복의 핵심 요인 중 하나는 조직과 리더로부터의 지지와 지원이다. 그렇기에 리더의 신뢰와 진정성이 구성원들에게 미치는 영향은 매우 크다. 리더 역시 팀의 한 구성원으로서, 자신과 타인의 행복에 대한 책임을 지닌다. 결국 직장 내 행복은 리더의 태도와 실천에서 출발하며, 이는 조직 차원과 개인 차원에서 모두 고민해야 할 주제다.

나는 가끔 농담처럼 "안 보이는 상사만큼 좋은 상사는 없다"고 말한다. 하지만 곧 "구성원이 필요할 때만 나타나는 리더가 최고의 리더다"라는 말로 이어진다. 이는 씁쓸하지만 현실을 반영한 표현이다. 실제로 어떤 조직에서는 리더가 출장이나 휴가로 자리를 비운 날을 '어린이날'이라고 부르기도 한다. 그만큼 리더의 존재가 구성원들에게 심리적 긴장감을 줄 수 있다는 뜻이다.

신뢰와 진정성은 하루아침에 쌓이지 않는다. 리더는 겸손한 마음으로 자신을 성찰하고 관계를 다듬어야 한다. 그렇게 할 때 비로소 구성원들에게 부담이 아닌 기대와 안정감을 주는 존재로 기억될 수 있다.

직장 상사와의 관계는 종종 에너지를 고갈시키는 방향으로 흐르고, 동료나 후배와의 관계는 오히려 에너지를 채워주는 경우가 많다. 이는 일부 상사들이 감시와 비판에만 초점을 맞춰 '실패 설정 증후군'*을 유발하기 때문이다. 실패 설정 증후군은 일반적으로 실패를 경험한 이후에 나타나는 심리적 반응을 의미한다. 이 증후군은 감정적 스트레스, 자존감 저하, 무기력, 불안, 분노 등의 감정을 수반하게 된다. 지나친 간섭과 통제는 부하 직원의 자율성을 억누르고, 결국 업무 성과까지 떨어뜨리는 결과를 낳는 것이다. 리더의 말과 행동, 소통 방식에 따라 직장인의 하루는 더 고독해질 수도, 조금 더 행복해질 수도 있다. 결국 리더의 역할은 목표 달성만이 아니라, 실패와 좌절 속에서도 사람을 회복시키는 정서적 촉진자가 되는 것이다.

이 때문에 리더는 긍정적인 피드백을 통해 구성원의 내재 동기를 자극하고 몰입도를 높여야 한다. 긍정적 피드백이란 무조건적인 칭찬이 아니라, 구체적인 노력과 전략을 인정하며 실제로 칭찬할 이유가 있을 때 명확히 전달하는 기술이다. 진심 어린 메시지를 전하려면 구성원을 단순한 성과 도구가 아닌, 한 명의 인격체로 존중해야 한다. 중요한 의사결정 과정에서도 구성원과 적절히 정보를 공유하고, 의견을 반영하는 노력이 필요하다.

물론 리더도 사람인 만큼 항상 좋은 말만 할 수는 없다. 부정적인 피드백 역시 필수적이지만, 잘못 전달하면 관계를 해치거나 동기를 꺾는 결과를 낳는다. 예를 들어, 좋은 소식을 들었음에도 불구하고

---

* Manzoni, J.-F., & Barsoux, J.-L. (1998). The set-up-to-fail syndrome. Harvard Business Review, 76(2), 101 - 113.

의도치 않게 부정적인 면만 강조해 성과를 깎아내릴 수 있다. 이를 피하려면 부정적인 피드백도 지지적이고 감정에 휘둘리지 않는 방식으로 전달해야 한다. 잘못된 점은 명확히 짚되, 상대의 기대와 필요 지원 사항을 경청하는 태도가 필요하다.

조직 생활은 그 자체로도 충분히 버겁다. 후배나 구성원의 이야기를 듣겠다고 해놓고 정작 자신만 말하는 리더는 신뢰를 얻기 어렵다. 우리가 말과 생각이 아닌 '진심 어린 행동'으로 서로를 대한다면, 완벽한 행복까지는 아니더라도 함께 웃고 힘낼 수 있는 여력은 충분히 생긴다.

영국의 영화배우 바질 래스본은 "진실한 애정을 갖고 한 일은 결코 후회할 필요가 없다"고 말했다. 진정성 있는 행동은 아무것도 잃지 않는다. 리더십에서 기술과 전략보다 앞서는 것은 결국 태도이며, 그 태도는 자기 인식에서 출발한다. 작은 습관이라도 진심으로 실천하려는 노력이 쌓일 때, 리더십은 비로소 힘을 발휘한다. 내가 변하지 않고서는, 결코 남을 변화시킬 수 없다.

사람을 움직이는 조종과 영감

오랜 시간 한 직장에서 일하며, 나에게 성장을 이끌어준 스승 같은 리더가 있었고, 반대로 '내가 리더가 된다면 저렇게 되지 말아야겠다'는 교훈을 준 반면교사도 있었다. 흥미로운 점은 두 사람이 전혀 다른 리더십 스타일을 가졌음에도 불구하고, 공통적으로 나에게 배움의 기회를 주었다는 사실이다. 두 리더 모두 구성원의 행동 변화를 이끌어내려 했지만, 차이점은 그 방식을 '조종'으로 택했느냐, '영감'을 주었느냐에 있었다. 리더의 리더십은 단순히 자신의 성과를 넘어, 구성원의 태도와 성장 환경 전반에 깊이 관여한다.

사이먼 사이넥은 사람의 행동에 영향을 미치는 방식에는 두 가지가 있다고 말한다. 하나는 조종Manipulation이고, 다른 하나는 영감Inspiration이다. 조종은 당근과 채찍, 인센티브, 처벌 등 외부 자극을 활용해 단기적으로 행동을 유도하는 전략이다. 반면 영감은 '왜(Why)'라는 메시지를 중심으로 감정적 연결과 공감을 통해, 사람들이 자발적으로 움직이게 만드는 방식이다.

조종 방식의 위험성은 효과가 없어서가 아니라, 오히려 너무 효과가 있기 때문이다. 명령, 통제, 공포는 단기적으로 사람을 움직일 수 있지만, 이는 자율적 동기가 아닌 외부 통제에 의한 반응일 뿐이다. 실제로 많은 조직들이 업종과 규모를 불문하고 조종 전략을 사용하며, 단기 성과라는 측면에서는 일정 부분 효과를 본다. 그러나 그 이면에는 구성원의 불만, 불안정성, 몰입 저하라는 부작용이 서서히 쌓인다.

더 큰 문제는 조종에 익숙해진 리더가 결국 자신도 시스템과 구성원에 의해 조종당하게 된다는 역설이다. 목표 달성을 위해 즉흥적 자극에 의존하면, 조직은 더 강한 자극을 계속 요구하게 되고, 리더는 이를 감당하느라 에너지를 소모한다. 자율성과 창의성을 억누른 채 외부 통제에 기대는 조직은 지속 가능하지 않다. 반면 영감을 주는 리더는 구성원의 신념과 가치에 호소하며, 자발성과 창의성을 자극한다. 구성원이 스스로 의미를 찾고 자신의 일처럼 몰입하게 만들며, 장기적으로 건강하고 지속 가능한 동기를 부여한다. 결국 진정한 리더십은 조종이 아니라, 영감을 주는 데서 완성된다.

  이에 비해 영감은, 느리지만 구성원의 신념과 가치관을 자극해 지속적인 변화를 만들어 내며 동시에 높은 충성도를 이끌어내는 효과적인 방법이기도 하다. 우리는 일상에서 '영감을 받았다'는 표현을 자주 쓰는데, 이러한 경험은 사람을 창조적이고 자발적으로 변화시키는 강력한 동기가 된다. 조직에서도 영감은 중요한 리더십 요소로 작용하며, 이를 위해서는 리더의 경청과 질문, 구성원의 참여, 그리고 진정성 있는 소통이 필수적이다. '영감을 주다'라는 영어 단어 inspire는 라틴어 'in(안으로)'와 'spire(숨을 불어넣다)'에서 유래했는데, 이는 생기를 불어넣는 능동적이고 지속적인 행위를 뜻한다.

  조종이 정적인 명사처럼 작용한다면, 영감은 계속 작동해야 하는 동사의 성격을 지닌다. 리더는 단순히 자리에 앉아 있는 존재가 아니라, 살아 움직이며 끊임없이 상호작용하는 존재여야 한다. 이러한 맥락에서 프란스 드 발의 『침팬지 폴리틱스』는 인간 조직과 리더십을 이해하는 데 의미 있는 통찰을 준다. 유시민 작가의 소개로 널리 알려진 이 책은 두 침팬지 리더, 고블린과 아모스의 대비를 통해 리더십의 양면을 선명하게 보여준다.

고블린은 난폭함과 위협, 폭력으로 지위를 유지한 수컷 침팬지였다. 그는 구성원을 돌보지 않고 자신의 이익만 추구했으며, 노쇠해 우두머리 자리를 위협받자 그동안 침묵하던 무리의 구성원들이 집단적으로 그를 공격해 살해했다. 그의 죽음을 애도한 이는 아무도 없었고, 이는 그가 얼마나 존경받지 못했는지를 단적으로 보여준다. 반면 아모스는 협력과 보호, 존중을 바탕으로 한 리더십을 실천했다. 그는 구성원과의 유대감을 기반으로 지지를 얻었고, 존경과 사랑 속에 자리를 지켰다. 아모스의 사례는 영감을 통해 구성원을 자발적으로 이끄는 리더십이 얼마나 지속가능하고 강력한지를 상징적으로 보여준다.

이 이야기는 침팬지 사회에만 해당하지 않는다. 사람 역시 유한한 존재이며, 대부분의 리더는 선출이 아닌 임명으로 자리를 얻는다. 그러나 성과 중심 문화와 자기주도적 성장이 강조되는 시대에는, 미래의 리더가 '지정된 직책'이 아니라 '스스로 만든 리더십'으로 자리를 얻게 될 것이다. 결국 중요한 것은 '리더란 무엇인가'에 대한 인식이며, 이는 권한이나 위계가 아니라 '역할과 태도'의 문제다.

고블린처럼 리더십을 착각해서는 안 된다. 구성원의 인사나 미소가 존경이 아닌 형식적 예의일 수 있음을 모른 채 자기 확신에만 매몰되면, 이는 리더십이 붕괴하는 출발점이 된다. 구성원의 무언의 박수에 도취해 현실을 오판하는 순간, 리더는 이미 반대 방향으로 가고 있는 것이다. 따라서 리더는 항상 깨어 있어야 하며, 현재의 위치와 권한을 자기 편의적으로 해석하지 않아야 한다.

  리더십은 결국 유통기한이 있는 '역할'이다. 그 끝자락에서도 존경과 따뜻한 박수를 받으려면 지금부터 자기 성찰과 자기 인식이 필요하다. 좋은 리더는 구성원을 끌고 가는 사람이 아니라, 스스로를 먼저 이끌 수 있는 사람이다. 직장에서 요구되는 리더십은 직무 기술이 아니라 삶의 태도로 이어져야 하며, 그것이야말로 진정한 리더십의 본질이다. 결국 자신 안의 리더십이 거울처럼 외적 태도에 반영될 때, 비로소 타인을 이끌 자격이 생긴다.

리더 때문에 아무도 모르게 서서히 망한다면

요즘 시대를 설명하는 데 있어 'VUCA'라는 표현만큼 정확한 말도 드물 것이다. 인류의 발전사를 돌아보면, 석탄과 증기가 주도했던 1차 산업혁명 이후 전기, 인터넷, 그리고 AI까지 변화의 동력은 끊임없이 바뀌어 왔다. 더욱이 그 변화의 주기는 점점 짧아지고 있으며, 그 방향성조차 쉽게 예측할 수 없는 것이 지금 우리가 살고 있는 현실이다.

이처럼 불확실성과 예측 불가능성이 팽배한 시대에서는 기존의 방식만으로 문제를 해결하는 것이 점점 어려워지고 있다. 결국 창의적인 사고와 다양한 관점의 수용이 이전보다 훨씬 중요한 역량으로 대두되고 있다. 이를 가능하게 하는 조직문화의 핵심은 바로 '심리적 안전감'이다. 구성원이 자유롭게 의견을 말하고 실수나 비판에 대한 두려움 없이 소통할 수 있는 심리적 안전감은, 단순한 화두를 넘어 VUCA 시대에 필수 불가결한 요소로 자리 잡고 있다.

대표적인 사례로 구글의 아리스토텔레스 프로젝트*를 들 수 있다. 구글은 어떤 팀은 성과를 내고, 어떤 팀은 그렇지 못한 이유를 밝히기 위해 사회학자, 심리학자들과 협력하여 180개 팀을 분석하였다. 인터뷰와 실험을 통해 '성과를 내는 팀'의 조건으로 네 가지 요소를 도출했다. 상호 의존성과 명확한 목표설정, 개인적 의미 부여, 일의 영향력이라는 조건 외에도, 공통적으로 성과가 높은 팀에는 '심리적 안전감'이 자리 잡고 있었다.

구글은 이를 '리스크를 드러내고, 자신의 취약점을 보여도 괜찮다고 느끼는 상태'로 정의했다. 다시 말해, 최고의 인재들이 있는 팀이 성과를 내는 것이 아니라, 구성원들이 심리적 안정 속에서 의견을 나눌 수 있는 건강한 문화가 성과를 만든다는 결론에 도달한 것이다. 조직의 구조나 전략보다 중요한 것은 문화와 분위기라는 점을 되새겨볼 필요가 있다.

이러한 심리적 안전감의 결핍이 얼마나 큰 문제를 초래할 수 있는지, 인도 타타자동차의 사례에서도 확인할 수 있다. 타타는 2002

---

* Google. (2012). Project Aristotle: Understanding team effectiveness. Retrieved April 10, 2025

년부터 '국민차' 프로젝트를 시작하며 저가 차량 '나노'를 개발했고, 2009년에 파격적인 가격으로 출시하였다. 출시 초기 주문이 폭주하며 성공을 예고했으나 부품 수급, 공장 부지 문제, 인프라 부족 등으로 인해 생산 차질이 이어졌다. 그 결과 소비자 불만이 커지고 화재 사건까지 발생하면서, 결국 큰 실패로 이어졌다.

겉으로는 마케팅 전략과 공급망 실패가 주된 원인으로 보였지만, 실제로는 리더십 문화에 근본적인 문제가 있었다. 타타 회장이 모든 회의를 주재하고 의사결정을 독점하면서, 직원들은 비판이나 솔직한 의견 개진을 회피하게 되었다. 수직적 구조와 리더 중심의 일방적인 소통이 얼마나 치명적인 결과를 낳는지를 단적으로 보여주는 사례다. 회장이 '혼자만 말하고 있었다'는 사실을 인지하지 못한 것이 조직의 치명적 결함으로 이어진 것이다.

의사소통 문화의 중요성은 또 다른 사례에서도 확인된다. 과거 미국에서 실시한 한 설문조사에 따르면, 직장인들은 '10억 원 이하의 손실 예상' 상황에서는 59%가 침묵하겠다고 응답했다. 반면 '100억 원 이상의 손실 예상' 시에는 겨우 29%만이 솔직하게 말하겠다고 답했다. 이는 손실이 클수록 책임 부담을 회피하고자 침묵을 선택하는 경향이 있다는 것을 의미한다.

문제의 심각성과 무관하게 상사의 질책을 우려해 입을 닫는 문화가 조직의 리스크를 더욱 키운다. 이는 심리적 안전감이 결여된 조직일수록 큰 문제가 발생할 가능성이 높다는 사실을 보여준다. 리더의 태도와 말 한마디가 구성원의 침묵을 낳기도 하고, 반대로 건설적인 의견을 이끌어내기도 한다. 그러므로 '말하지 않는 조직'은 결코 건강한 조직이 될 수 없다.

   오늘날의 조직은 큰 리스크를 감추고 있는가, 아니면 감수하고 말할 수 있는 용기를 갖추었는가? 구성원이 실패나 실수를 말하지 못하고 침묵하는 문화는 그 자체로 조직을 서서히 붕괴시킨다. 리더의 말과 행동, 그리고 조직문화가 성장을 가로막고 있는 것은 아닌지, 우리는 끊임없이 점검하고 되물어야 한다. 결국 리더의 태도가 조직의 운명을 바꾼다.

NO라고 말해도
괜찮아야 한다

조직 내에서 소통이 제대로 이루어지지 않으면, 문제점이 존재하더라도 개선이 쉽지 않다. 어떤 순간에는 반드시 "NO"라고 말할 용기와 판단이 필요하지만, 심리적 안전감이 없는 환경에서는 누구도 그런 위험을 감수하고 싶어하지 않는다. 개인적으로도 불이익이 두려워 침묵하게 되고, 결국 조직 전체가 문제 인식조차 하지 못한 채 굳어져 버린다.

   이러한 침묵이나 순응의 분위기에 대해 오래전에 읽었던 책 한 권이 떠올랐다. 2008년에 발간된 『닭을 죽이지 마라』[*] 는 혼다의 경영 우화를 담은 책으로, 당시에는 지금처럼 심리적 안전감이나

---

[*] Wang, K. (2003). 닭을 죽이지 마라. 이가서.

수평적 커뮤니케이션이라는 개념이 널리 알려지지 않았음에도 불구하고 조직문화의 본질을 꿰뚫는 메시지를 담고 있다. 특히 책 표지에 적힌 문장은 오랫동안 기억에 남는다.

"닭은 사실 잔혹한 동물이어서 말이지. 무리 중의 한 마리가 조금 피를 흘리고 있으면 다 덤벼들어 그 상처 난 부분을 쪼아서, 그 녀석을 죽여 버린다더군. 그래서 상처 입은 닭이 있을 때 그 녀석을 격리하지 않으면 안 된다는 거야."

이 말은 단순한 동물에 대한 생태적 관찰이 아니라, 직장과 조직 안에서 벌어지는 인간의 행태를 비유한 것에 가깝다. 우리는 종종 회의석상에서 실수한 사람을 몰아세우고, 집단이 비난의 화살을 던지는 장면을 목격한다. 심지어 그런 장면이 반복되는 것이 당연시되는 조직이라면, 구성원 누구나 '다음 희생양이 나일 수도 있다'는 불안감 속에서 살아간다. 상처를 입은 사람이 오히려 더 위축되고, 보호받지 못하는 조직에서는 심리적 안전감이 자랄 수 없다.

더 안타까운 사실은, 그런 상황에서 구성원 스스로도 '무의식적 가해자'가 되기 쉽다는 점이다. 강압적인 분위기에서, 혹은 두려움에 휩싸인 상황에서 우리는 방관하거나, 심지어 무리 속에 섞여 비난을 가담하는 쪽을 선택하곤 한다. 어느새 조직은 실수를 용납하지 않고, 실패를 공유하지 않으며, 상사의 의중을 헤아려 답을 맞추는 '답정너' 문화에 물들어 버린다.

이러한 환경에서는 창의적인 해결책이 나오기 어렵고, 건강한 반론이나 이견은 아예 사라진다. 구성원들은 점점 위축되고, 일은 형식적이고 수동적인 방향으로 흐르게 된다. 결국, 모두가 '눈치 보기'에만 급급하고, 조직은 어느 순간 '영혼 없는 YES'만이 남는 닭장 같은 공간으로 변모하게 된다.

그리고 그렇게 하루를 버텨낸 구성원은 퇴근길에 스스로에게 이렇게 말할 것이다. "오늘 하루도 잘 버텼다. 그럴 수밖에 없었잖아" 이 한마디에 담긴 씁쓸한 체념은, 우리가 바꾸지 못한 조직문화의 자화상이자, 변화가 시급하다는 경고일지도 모른다.

중요한 회의나 결정을 내리는 자리에서, 분위기에 눌려 자신의 생각을 말하지 못하는 경우는 누구에게나 있을 수 있다. 하지만 습관적이고 무조건적인 "Yes"는 단순히 개인의 문제를 넘어서, 잘못된 방향으로 집단을 이끄는 공범이 되는 결과를 초래할 수 있다. 침묵은 때로 용기가 아니라 회피이며, 무비판적인 동조는 결국 모두의 책임으로 돌아온다.

이러한 이유로, 심리적 안전감이라는 개념은 오늘날 조직생활에서 반드시 필요한 가치로 자리 잡았다. 생각이 다르더라도, 혹은 자신의 약점이 드러난다 하더라도 자신이 보호받고 있다고 느끼고, 솔직하게 의견을 표현할 수 있는 분위기. 그것이 바로 심리적 안전감이며, 건강한 조직문화를 가능하게 하는 핵심 요소다.

내가 직장생활을 하며 만났던 리더 중 가장 존경했던 리더십을 한마디로 표현하자면 'No라고 말할 수 있는 분위기'를 만들고, '그 말을 들어주는 용기'를 가진 리더십이었다. 방향이 자신이 의도한 것과 다르더라도, 구성원의 의견을 듣고 이를 바탕으로 리스크를 점검해 실패 확률을 낮출 수 있도록 기회를 열어주는 리더였다. 이는 결과적으로 조직 전체의 지속가능성을 높이는 지혜로운 선택이었다.

그래서 지금 이 순간에도 우리는 "No"라고 말할 수 있어야 한다. 단, 무조건적인 반대가 아니라 생산적이고 대안을 품은 "No"가 조직 안에서 받아들여질 수 있는 분위기여야 한다. 눈치와 침묵의 문화는 마치 행렬나방 애벌레가 앞의 꼬리를 무작정 따라가듯, 방향 감각 없이 나아가다 모두를 낭떠러지로 몰아넣을 수 있다. 리더가 "No"라는 말을 금기시해서는 안 되는 이유다.

가끔은 조직의 누군가가 심리적 안전감의 테두리 안에서 "No"를 외치는 용기가, 전체의 발전을 이끄는 전환점이 될 수 있다. 리더는 바로 그러한 목소리가 자랄 수 있는 환경을 만들고, 그 신호를 감지하는 데 소홀함이 없어야 한다. 이것이 곧 좋은 조직, 건강한 팀, 신뢰받는 리더십의 출발점이 된다.

액자 속이 아닌 일상 속의 조직문화가 되어야

얼마 전, 국내의 유명 식품회사 대표님과 차를 마실 기회가 있었다. 현재의 시장 상황과 앞으로의 전망에 대한 대화를 나누던 중, 회사 내부 이슈로 인해 조직의 결집력이 약화되었고 새로운 변화가 필요하다는 고민을 털어놓으셨다. 이에 대해 외부인의 시각에서 조심스럽게 말씀드린 것은, 조직의 가치체계와 문화를 경영진이 직접 나서서 소통하는 시간을 갖는 것이 중요하다는 의견이었다.

실제로 그 회사의 가치체계는 매우 잘 정리되어 있었고, 홈페이지나 사내 액자 속에 머무를 것이 아니라 구성원들이 그것을 체감하고 자부심을 느낄 수 있도록 만드는 일이 필요하다고 생각했다. 조직에 문제가 생겼을 때, 직접적인 해결도 중요하지만 문화와 가치체계를 통해 근본적으로 개선해 나가는 방식도 효과적이라고 믿기 때문이다.

대표님을 만나기 전, 그 회사의 홈페이지를 통해 미션·비전·핵심가치를 살펴보았는데, 단지 형식적 구호에 그치지 않고 확실한 철학과 진정성이 느껴져 인상 깊었다. 그래서 더욱 그것을 '서 말의 구슬을 꿰어 보배로 만들면 좋겠다'는 응원의 마음으로 말씀을 드릴 수 있었다. 그 회사의 브랜드나 제품은 대부분의 사람들이 사용해 본 경험이 있을 정도로 일상에 깊이 들어와 있었지만, 구성원들이 느끼는 자부심은 별개의 문제였다.

조직문화는 경영진의 솔선수범으로 시작되어 리더들에게 체화되고, 전 구성원에게 전달되는 과정이 필요하다. "문화가 전략을 아침 식사처럼 손쉽게 이긴다Culture eats strategy for breakfast"라는 말이 있다. 조직문화가 훌륭한 전략보다 앞서고, 더 중요하며, 훨씬 강력한 영향을 미친다는 의미를 담고 있는 격언이다. 이는 제도나 정책, 시스템 같은 하드웨어도 물론 필요하지만, 결국 조직의 성과를 만들어내는 것은 사람이라는 소프트웨어라는 점을 일깨운다. 조직문화는 전략을 실현할 수 있는 기반이자 동력이며, 구성원의 태도와 행동을 결정짓는 본질적인 요소다.

조직이 흔들리고 방향성을 신뢰받지 못하는 것은, 이 모든 것을 연결해주는 견고한 문화가 부재하기 때문이며, 이는 결국 경영진의 의지와 무관하지 않다. 문화 구축을 위해서는 미션과 비전, 핵심가치뿐 아니라 구체적인 행동 원칙이 선언되어야 하고, 이 모두가 실제 행동과 연결되어야 한다. 추상적인 개념이 아니라 일상에서 실천되고 공유되는 문화야말로 진정한 조직문화다.

이러한 가치체계는 구호에 머물러서는 안 되며, 경영진과 리더가 이를 실천하고 외부에 선언하며, 정책과 제도로 뒷받침할 때 살아있는 문화로 자리잡을 수 있다. 무엇보다 중요한 것은 "우리 함께 이렇게 해나가자"는 말에 "나도 기꺼이 앞장서겠다"는 행동이 수반되어야 한다는 점이다. 막연한 기대보다는 말과 행동으로 실천하는 모습이 구성원의 마음을 움직이는 것이다.

예컨대, 아버지가 자녀에게 "열심히 공부하라"고 말하면서 정작 주말 내내 소파에서 TV만 본다면, 자녀는 학습 동기를 잃게 될 것이다. 조직도 마찬가지다. 리더의 말 한마디, 행동 하나가 중요한 이유다. 아무리 그럴싸한 슬로건이 있어도, 그것이 행동으로 이어지지 않는다면 조직문화는 뿌리내릴 수 없다.

규모가 작거나, 성장이 더디거나, 인력이 부족하다는 이유로 조직문화를 등한시하면, 결국 좋은 인재를 유지하지 못하고, 새로운 사람을 찾는 데만 에너지를 소모하게 될 가능성이 크다. 그렇기에 리더는 "가라"고 말하기보다는 "가자"고 말해야 한다. 리더는 경영진과 구성원 사이의 가교 역할을 하며, 조직문화의 실제적인 구현자인 'Linker'로서 기능해야 한다.

조직문화에 대한 경영진의 의지를 구성원과 공유하고, 일하는 방식에 적용할 수 있도록 만드는 일. 그것이 리더의 역할이며, 이를 위해서는 수평적인 커뮤니케이션과 심리적 안전감을 조직 내에 정착시키는 노력이 수반되어야 한다. 동시에 변화관리의 관점에서 학습과 성장이라는 'Growth mindset'을 몸소 실천하는 것이 필요하다.

경영진의 의지가 조직문화의 뿌리라면, 리더의 역할과 노력이 줄기이고, 몰입과 성과, 로열티는 그 열매라 할 수 있다. 뿌리가 튼튼하고 줄기가 잘 성장하면, 그 결실이 맺어지는 것은 자연스러운 이치다. 내가 어떤 회사에 다니는지는 외부의 평가에 따라 달라질 수 있지만, 그 회사에서 일하는 내가 만족하는가는 조직문화에 달려 있다.

조직문화가 제대로 서게 되면, 구성원들이 일하기 좋은 환경은 자연스럽게 만들어지고, 자발적인 몰입과 애정이 성과로 이어지게 된다. 그 결실을 맺기 위해서는 우리 각자의 공감과 행동 변화가 필요하다. 변화는 단지 마음이나 의지로 이뤄지는 것이 아니라, 실제 행동이 수반되어야 가능한 일이기 때문이다.

조직문화는 남이 차려주는 밥상이 아니라, 모두가 함께 준비하고, 공감하며, 실천해야 완성되는 집단적 가치체계다. 아무리 멋진 말이나 포스터가 있어도, 그것이 행동과 연결되지 않으면 문화가 아니라 장식에 불과하다.

이와 관련해 미국의 친환경 패션 브랜드 파타고니아의 사례는 매우 인상 깊다. 이 회사는 채용 과정에서 일반적인 공채 시스템이나 헤드헌팅을 사용하지 않는다. 대신, 자연과 어우러진 삶을 실천하고, 가치에 공감하는 사람을 직접 찾아 채용한다. 회사의 철학과 문화에 맞는 사람을 선별하는 데서부터 조직문화가 시작된다는 확고한 신념이다.

이 사례는 우리가 속한 조직에서의 태도와 준비가 얼마나 중요한지를 시사한다. 외부 고객이나 이해관계자와의 접점이 많은 직무일수록, 우리는 자신의 의지와 무관하게 회사를 대표하는 사람으로 인식될 수 있다. 이때 회사의 평판은 그 사람의 언행을 통해 비춰지며, 나라는 개인 역시 그 평가에서 자유로울 수 없다.

그래서 나는 '조직문화라고 쓰고, 조직역량이라 읽는다'고 생각한다. 조직문화는 그 조직이 지닌 총체적 실력의 척도이며, 구성원 모두가 공유하는 가치와 태도의 결과이기 때문이다. 결국, 조직문화는 리더십에 의해 영향을 받고 형성된다.

많은 리더들이 구성원을 하나의 수단이 아니라, 함께 성장해 나가는 소중한 인적 자원으로 인식해야 한다. 조직문화는 근무 환경의 쾌적함을 넘어서, 사람과 회사가 함께 성장할 수 있는 기반이 되기 때문이다. 이것이야말로 오늘날 리더들이 반드시 되새겨야 할 본질적인 리더십의 가치다.

조직이 어려울수록
사람을 믿어야

어렵게 조직문화가 구축되어 정착되었다 해도, 위기는 언제나 도사리고 있다. 특히 성과에 대한 압박이 커질수록 사람이나 조직문화는 뒷전으로 밀려나기 쉽고, 조직문화는 일종의 '로맨스'처럼 치부되곤 한다. 조직이 어려운 상황에 처했을 때, 다양한 시각에서 해결책을 찾기보다 책임 추궁에 집중하게 되는 이유는 그것이 가장 즉각적이고 손쉬운 방법이기 때문이다. 그러나 이런 구조 속에서는 다시 사람들이 소외되고, '다음은 내 차례'라는 불안이 조직을 지배하게 되며, 심리적 안전감은 먼 이야기가 되어버리는 악순환이 반복된다.

하버드대학교 래리 그레이너 교수에 따르면, 기업의 성장 초기에는 창의적인 인재가 중심이 되어 사업을 이끌지만, 규모가 커지고 복잡성이 증가하면 집단의 협력과 창의성이 핵심 역량으로 작동하게 된다.* 이런 관점에서, 조직이 위기에 처했을 때 특정 인물의 리더십보다 구성원 간 상호협력을 기반으로 한 집단의 힘을 믿어야 한다. 특히 VUCA로 불리는 지금의 시대에 조직문화와 창의성, 다양성에 대한 이해는 선택이 아니라 필수적인 생존 전략으로 간주되어야 할 것이다.

---

* Greiner, L. E. (1972). Evolution and revolution as organizations grow. Harvard Business Review, 50(4), 37-46

이와 같은 조직문화 구축의 대표적인 사례로 픽사(Pixar)를 들 수 있다. 애플 창업자 스티브 잡스는 픽사의 최대 주주였을 당시, "창의성은 서로를 연결하는 데서 나온다"는 철학을 바탕으로 픽사의 본사를 설계했다. 그는 직원 간의 자연스러운 소통과 교류가 이루어질 수 있도록 건물의 중앙에 공동 공간을 배치하고, 모든 직원들이 이곳을 지나도록 설계했다. 더불어 예술과 창작 부서를 오른쪽, 기술과 기획 부서를 왼쪽에 배치하여, 건물의 중심에서 반드시 서로 마주치게끔 구성했다고 전해진다.

이 사례는 창의성을 이끌어내기 위한 리더의 세심한 고민과 노력을 상징적으로 보여준다. 과거와 달리 오늘날 기업들은 예측이 불가능한 환경에 직면해 있으며, 변화의 속도는 그 어느 때보다 빠르고 방향도 불확실하다. 이런 환경에서는 유연한 대응과 창의성, 그리고 이를 가능하게 하는 조직문화가 곧 기업의 생존을 좌우하는 핵심 경쟁력이 된다. 더 이상 대량 생산과 획일화된 운영만으로 경쟁력을 확보할 수 없는 시대에, 다양한 아이디어와 창의적 문제 해결이 조직의 지속 가능성을 담보하게 된 것이다.

문제는 이러한 사실을 알고 있음에도 불구하고, 현실에서는 "일이 많아질까 봐", "과거에 해봤지만 실패했기 때문에", "적절한 사람이 없어서"라는 이유로 새로운 시도를 차단하는 장벽이 곳곳에 존재한다는 점이다. 이런 장벽을 허물고, 구성원들이 자유롭게 의견을 낼 수 있도록 만드는 것이야말로 리더의 역할이다. 리더가 'Idea Killer'가 되어 구성원의 아이디어를 평가·비판·비난하기 전에, 먼저 듣고 존중하며 격려하는 분위기를 만드는 것이 조직의 창의성과 성상 가능성을 높이는 출발점이다. 좋은 아이디어가 끊임없이 등장하는 조직은 당연히 발전할 수밖에 없는 것이다.

결국 리더가 어떤 관점을 갖고 있느냐에 따라 창의적인 아이디어가 살아날 수도, 싹부터 잘려나갈 수도 있다. 리더의 말 한마디, 회의에서의 태도, 질문 하나가 아이디어를 꽃피우는 환경을 만들 수도 있고, 그 반대가 될 수도 있다. 조직문화는 전략보다 먼저이고, 창의성을 이끄는 기반이며, 조직 전체의 역량을 형성하는 가장 본질적인 요소다. 이 대혼돈의 시대를 헤쳐 나가기 위해서는 이제 조직문화를 넘어 '조직역량'이라는 더 높은 수준의 가치로 나아가야 한다.

VUCA 시대의 조직문화는 선택이 아닌 필수

우리는 업무를 하면서 자신이 속한 조직 외의 사람들과 자주 마주하게 된다. 업무적으로는 상호 이해관계를 조율하고 설득하는 과정이 이어지고, 개인적으로는 서로의 어려움이나 장점을 공유하게 된다. 이처럼 다양한 접점에서 우리는 종종 본인의 소속을 넘어, 그 배경에 있는 조직의 이미지를 타인에게 전달하게 된다.

이런 상황에서는 의도하지 않았더라도 개인이 아닌, 그 개인이 속한 조직과 회사를 자연스럽게 평가받게 된다. 어쩌면, 조직에 몸담고 있는 이상 누군가를 만나는 그 순간만큼은 자신이 곧 그 조직을 대표하는 역할을 하게 되는 것은 당연한 일이다. 거래나 협업 관계에 있을 경우, 상대는 단순히 한 사람을 보지 않고, 일의 처리 방식과 응대 태도, 문제 해결의 과정 등 전반적인 프로세스를 통해 조직 전체의 분위기와 문화를 체감하게 된다.

이는 우리가 사람을 만났을 때 첫인상을 바탕으로 그 사람을 어느 정도 판단하는 것과 유사하다. 우리의 말과 행동, 일하는 방식은 조직의 분위기와 실력을 비추는 거울이 된다. 이는 외부에서뿐 아니라 내부에서도 크게 다르지 않다.

그래서 나는 늘 조직문화를 단순한 '분위기'의 차원에 머무르지 않고, 그 조직의 실력을 반영하는 본질적인 요소라고 생각해 왔다. 그런 의미에서 '조직문화라고 쓰고, 조직역량이라고 읽는다'는 말은 단순한 표현을 넘어 나에게 하나의 신념처럼 자리 잡고 있다.

지금의 불확실한 미래를 통칭하여 VUCA*라고 한다.

변동성의 시대 Volatility는 사회 곳곳에서 느낄 수 있다.

예상치 못한 급격한 변화가 사회 전반에 영향을 미치는 현상은, 코로나와 같은 전 세계적인 팬데믹이나 기후의 변화처럼 정치·경제·사회 전반에 걸친 변동성을 유발하며, 그 영향력은 그 어느 때보다 커지고 있다.

---

* Bennis, W., & Nanus, B. (1985). Leaders: The strategies for taking charge. Harper & Row.

불확실성의 시대 Uncertainty 이다.

기술의 발전 속도가 빠르기 때문에 어느 방향으로, 어떤 기술이, 얼마나 크게 영향을 미칠지 알기 어려운 시대 속에 살고 있다. 과거의 통계나 시계열적인 분석만으로는 미래를 예측하기 점점 더 어려워지고 있다.

복잡성의 시대 Complexity 이기도 하다.

하나의 문제에 하나의 해답이 있는 것이 아니라, 서로 영향을 주는 변수가 너무 많고, 복합적인 요인들의 얽힘이 커지고 있다.

모호성의 시대 Ambiguity 라고도 한다.

명확하게 이해하기 어려운 것을 모호성이라고 한다. 어제의 기술이 오늘에는 무용지물이 되는 것처럼, 빠른 속도의 기술 진보와 환경 변화로 인해 기존 정보나 지식이 명확한 것인지 알기 어려운 시대가 바로 우리가 살고 있는 시대라고 할 수 있다.

VUCA 시대의 도래는 리더들에게 조직문화의 중요성을 더욱 절실히 인식하게 만든다. 변화가 빠르고 불확실성이 높아진 환경 속에서 조직이 취할 수 있는 전략은 조직적 창의성을 높이고, 외부 변화에 유연하게 대응할 수 있는 체질을 갖추는 것이다.

우리는 스포츠 팀이지 가족이 아니다

넷플릭스가 표방하는 인적 관리 방식은 그들의 창의적이고 유연한 기업 이미지에 비해 다소 충격적으로 느껴질 수 있다.

"우리는 가족이 아니다. 우리는 스포츠팀이다"

넷플릭스는 조직을 '가족'처럼 서로를 무조건 감싸주는 관계로 보지 않는다. 오히려 실력이 있는 구성원들이 모여 함께 성과를 만들어내는, 실력 기반의 '동맹 관계'로 정의한다. 개인은 스스로의 역량을 입증하고, 그에 합당한 보상을 받으며, 공동의 목표를 위해 뛰는 팀의 일원인 셈이다.

이러한 접근은 다소 냉혹해 보이기도 하고, 한국적인 정서와는 거리가 있어 개인적으로 불편함을 느끼는 이들도 많다. 그러나 냉정하게 바라보면 '성과 중심의 조직 운영'이라는 측면에서 충분히 고민해 볼 가치가 있다.

한편, 국내 사례로는 과거 '우아한형제들'이 제시한 「송파구에서 일 잘하는 방법 11가지」가 큰 화제를 불러모은 바 있다.

여기서 "업무는 수직적으로, 인간적인 관계는 수평적으로"라는 문장은 많은 직장인들의 공감을 얻었다. 이는 비효율적이고 비합리적인 관료주의를 지양하면서도, 업무의 효율성과 책임을 유지하려는 조직문화의 균형점을 잘 보여주는 문장이다. 자율을 존중하되, 그에 따르는 책임을 분명히 하자는 원칙은 오늘날 많은 기업이 추구하는 방향이기도 하다.

넷플릭스의 '스포츠팀' 비유가 등장했으니, 이와 연결해 다시 한 가지 질문을 던져보자.

"당신이 국가대표팀의 감독이라면 어떤 선수를 경기장에 내보내 겠는가?"

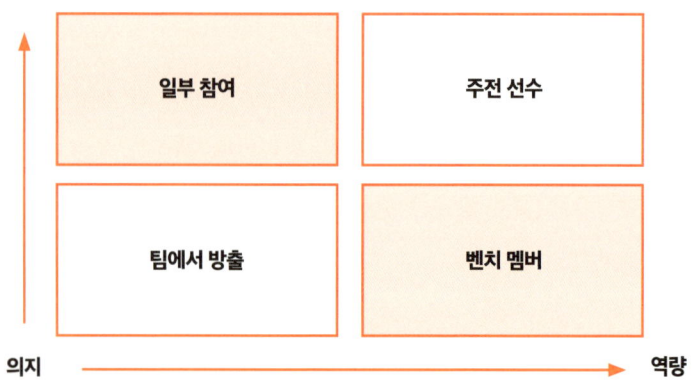

스포츠팀 선수 운영의 Matrix

이 질문은 넷플릭스가 말한 '실력 중심의 스포츠팀' 개념을 조직 문화에 적용할 수 있는 훌륭한 사례다. 만약 우리가 스포츠팀의 감독이라면, 즉 조직의 리더라면 어떤 사람을 팀의 일원으로 함께 할지 판단 기준은 분명해진다.

의지와 역량을 모두 갖춘 사람은 당연히 주전 선수로 기용될 것이다. 반면, 실력은 있으나 팀워크가 부족한 사람은 벤치 멤버로 분류될 수 있다. 그리고 비록 실력이 조금 부족하더라도 팀에 기여하고자 하는 태도와 열망이 강한 사람은 감독의 눈에 더 매력적인 자원이 될 가능성이 높다. 실력도 없고 태도도 미흡한 사람이라면 안타깝게도 팀에 의미 있는 자원으로 인식되기 어렵다.

이는 현실적으로 냉정하게 들릴 수 있지만, 직장생활에서도 유사한 원리가 적용되고 있다는 점을 부정할 수 없다. 결국 조직은 성과를 창출하는 단위이며, 구성원들은 저마다의 기여를 통해 이 목표에 다가가는 과정에 놓여 있다.

이러한 구조 속에서 리더의 역할은 단지 성과를 평가하는 것을 넘어서야 한다. 리더는 벤치에 있는 구성원에게는 팀 정신과 동기를 부여하고, 역량이 다소 부족한 멤버에게는 성장할 수 있는 기회를 제공해야 한다. 이미 경기에 투입된 구성원에게는 더 나은 퍼포먼스를 위한 훈련과 코칭을 아끼지 않아야 한다.

리더는 최종적인 판단자이자 동시에 팀을 성장시키는 '코치'의 역할도 수행해야 한다. 단지 실력자만을 데려와서 활용하는 것이 아니라, 조직 전체의 성장 가능성을 함께 키우고 끌어올리는 것이 리더의 진정한 책임일 것이다.

넷플릭스에서 리더들은 구성원 평가 시 다음과 같은 기준을 적용한다고 한다.

"만약 이 사람이 경쟁사로 이직하겠다고 했을 때, 나는 과연 붙잡을 것인가?"

이 단순하면서도 단호한 질문은 구성원의 진짜 가치가 무엇인지 명확히 드러내는 기준이 된다. 반복해서 이 질문에서 제외되는 구성원이 있다면, 그 사람은 냉정한 평가를 받을 수밖에 없다.

이 기준은 말 그대로 반박의 여지가 많지 않다. 실력이 뛰어나거나 팀에 없어서는 안 될 인재라면, 자연스레 붙잡고 싶을 것이고, 그렇지 않다면 속으로 안도하며 보내줄 수도 있다는 점에서 이 질문은 평가 기준으로 매우 현실적이다.

나 역시 구성원들에게 사람을 평가할 때 다음과 같은 비유로 설명하곤 한다.

"만약 당신에게 팀 미션을 맡기고, 팀 구성에 대한 전권을 주었다면, 과연 나는 그 팀에 함께 들어가고 싶은 사람인가?"

이 질문은 단순한 인맥이나 감정이 아닌, '일을 함께할 수 있는 실력'과 '협업할 수 있는 태도'라는 본질적인 기준으로 사람을 판단하게 만든다. 결국 같이 일하고 싶은 사람은 단지 능력 있는 사람이 아니라, 믿을 수 있고 팀워크를 해치지 않으며 공동의 목표를 향해 나아갈 수 있는 사람이어야 한다.

넷플릭스의 평가방식은 리더들에게 여러모로 시사하는 바가 크다. 평가의 기준은 명확하고 객관적이어야 하며, 동시에 냉정함을 넘어서 구성원 육성이라는 리더의 역할까지 확장되어야 한다.

이를 위해 리더가 하지 말아야 할 행동과 해야 할 행동을 명확히 구분하는 것이 중요하다. 리더가 하지 말아야 할 일은 다음과 같다. 성과는 구성원이 만들었음에도 불구하고 생색을 내거나, 뚜렷한 근거 없이 "수고했다", "더 도전적인 태도가 필요하다"는 식의 애매한 피드백을 주는 일, 또는 구성원의 고민에 무관심하거나 방관하는 태도 또한 리더의 자격과는 거리가 멀다.

반면, 리더가 반드시 해야 할 일은 다음과 같다. 객관적인 데이터를 바탕으로 한 다면평가, 구성원이 스스로 문제를 인식할 수 있도록 돕는 수시 피드백, 그리고 실질적인 성장과 변화를 이끌어내는 구성원 육성이다.

이 모든 것은 지극히 현실적이고, 때로는 부담스러울 수 있지만, 리더는 이러한 책임을 회피해서는 안 된다.

왜냐하면 우리는 모두 일터에서만큼은 '프로', 즉 프로페셔널이기 때문이다.

리더 역시 예외일 수 없으며, '좋은 사람'이기 이전에 '좋은 리더'로서 역할과 책임을 다하는 것이야말로, 조직의 신뢰와 성장을 이끄는 출발점이 된다.

회의스러운 회의 문화를 바꾸는 DE&I

직장에서 회의는 업무의 상당 부분을 차지한다. 회의 자체뿐 아니라 회의를 준비하는 데 소요되는 시간까지 포함하면, 많은 에너지가 투입된다. 그러나 정작 회의의 결과에 만족하는 경우는 많지 않다. 어떤 회의는 리더 혼자만 말하거나, 모두가 말은 많이 하는데 결론 없이 제자리만 반복하는 경우도 적지 않다. 우리는 이런 상황을 두고 회의懷疑스러운 회의會議라고 표현한다.

결국 이런 회의 문화는 조직문화와 맞닿아 있으며, 리더가 중심을 잡고 다양한 의견을 경청하여 더 나은 방향을 선택하는 '소통과 선택의 장'으로 회의를 전환하는 것이 필요하다.

이와 같은 맥락에서 조직문화 속에서의 DE&I 개념은 매우 중요하다. DE&I는 Diversity·Equity·Inclusion의 약자로, 연령·성별·교육·인종·종교 등에 대한 선입견 없이 개인의 다양성을 존중하고 포용하며, 공정한 환경 속에서 성과를 창출하는 프로페셔널한 마인드셋을 의미한다. 이는 단순한 유행어가 아니라, 다양한 배경을 가진 구성원들과 함께 일하고, 다양한 고객을 상대하는 글로벌 환경에서 반드시 요구되는 가치이다.

오늘날 많은 기업들이 글로벌 시장에서 활동하고 있으며, K-POP뿐 아니라 한국 기업의 제품과 서비스가 전 세계 곳곳에서 소비되고 있다. 동시에 코로나19로 근무 방식과 회의 방식의 급격한 변화로 인해, DE&I는 이미 일상과 직장 안에 깊숙이 들어와 있다.

DE&I의 중요성은 비재무적 경영지표인 ESG(Environment, Social, Governance)의 흐름과도 맞닿아 있다. 급변하는 경영환경과 기술혁신, 기후 위기 등 복잡한 변수 속에서 기존 방식으로는 미래를 예측하기 어렵다. 소비자들의 니즈도 다양해졌고, 인구 구성의 다양성은 물론 환경규제와 국제기준도 한층 강화되고 있다. 이 같은 상황에서 DE&I는 더 이상 선택이 아닌 필수 요소로 받아들여져야 한다.

DDiversity는 구성원의 세대, 인종, 성별, 경험, 학력 등의 차이를 있는 그대로 받아들이고 존중하는 것을 의미한다. 핵심은 차이 그 자체보다, 차이를 '이해하고 존중'하는 데 있다.

E_{Equity} 는 모든 구성원이 동등한 기회와 대우를 받으며 자신의 역량을 충분히 발휘할 수 있도록 환경을 조성하는 것을 의미한다. 이는 단순한 형평이 아니라, 불평등의 근본 원인을 제거하고 모든 이들이 공정한 출발선에 설 수 있도록 만드는 구조적 접근이다.

I_{Inclusion}는 다양한 개인이 조직 속에 녹아들어 배제되지 않도록 하고, 각자의 개성이 존중되는 가운데 몰입할 수 있는 환경을 만드는 것이다. 포용은 '틀림'이 아니라 '다름'을 받아들이는 태도이며, 이것이 조직의 다양성과 창의성을 증폭시키는 힘이 된다.

실제로 DE&I가 잘 작동하는 조직은 성과에서도 우수한 결과를 내고 있다. BCG의 연구[*]에 따르면 팀의 다양성이 평균 이상인 기업은 19% 더 높은 수익을 내며, 맥킨지의 조사[**]에서도 경영진의 성별 다양성이 높은 기업은 21%, 민족의 다양성이 높은 기업은 33% 더 높은 수익을 기록할 가능성이 있다고 한다. BetterUp의 연구[***]에서는 DE&I가 강력한 조직에서 이직률이 50% 감소했다는 결과도 나와 있다.

이처럼 DE&I는 단지 이상적인 조직문화를 위한 개념이 아니라, 실제적인 성과와 직결되는 조직의 전략이자 역량이다. 리더들은 이러한 환경 속에서 무엇보다 인식의 전환이 필요하다. 변화관리는

---

[*] Boston Consulting Group. (2018). How diverse leadership teams boost innovation
[**] McKinsey & Company. (2018). Delivering through diversity
[***] BetterUp. (2024). The impact of DEI on business performance and profitability

단순한 명령이 아니라, 리더 스스로 인지 → 행동 → 결과의 흐름을 만들어가는 과정이다. 이를 위해 리더는 사람의 마음을 읽듯, 시대의 흐름을 읽는 'Reader'로서의 자질을 갖춰야 한다.

획일적인 방식으로는 더 이상 성공을 담보할 수 없다. 조직문화는 단지 분위기가 아니라, 일하는 방법과 성과를 보여주는 '조직의 실력' 그 자체이다. 그렇기에 DE&I는 멋스러운 단어가 아니라, 지속가능한 성장을 위한 가장 현실적이고 강력한 무기라고 할 수 있다.

회의스러운 회의 문화의 이면

오랫동안 회사 생활을 하며 자주 들었던 말 중 하나는 '농업적 근면성'이었다. 과거에는 이를 중요한 역량으로 간주했지만, 대부분의 조직이 주 40시간, 최대 52시간의 근로시간을 기준으로 노동의 질적 전환을 강조하면서, 오늘날에는 '몰입'과 '생산성'이 핵심 키워드로 자리 잡고 있다. 같은 시간 내에 얼마나 더 잘, 더 효과적으로 일하느냐가 경쟁력을 좌우하는 시대가 된 것이다.

직장에서 많은 시간은 회의와 회의 준비에 소모된다. 그러나 회의 자체를 좋아하는 사람은 많지 않다. 회의의 필요성은 인식하지만, 회의가 오히려 몰입과 시간 관리를 방해한다고 느끼는 경우가 많기 때문이다. 이는 반복적으로 비효율적인 회의의 경험을 목격해

온 탓일 가능성이 크다.

하버드 비즈니스 리뷰(HBR)*에 따르면, 많은 사람들이 회의를 몰입의 방해 요인으로 인식하고 있다. 조사 결과에 따르면, 71%는 회의를 비생산적이고 비효율적이라고 평가했으며, 65%는 회의로 인해 본인의 업무에 지장이 있다고 답했고, 54%는 회의가 너무 잦고 시간 관리가 미흡하다고 응답하였다. 2023년 국내 설문조사(리멤버 리서치 서비스, 직장인 614명 대상)에서도 유사한 결과가 확인되었다.

제한된 시간 속에서 빠르게 의사결정을 내리고 다양한 의견을 수렴해야 함에도 불구하고, 회의에 대한 가장 큰 불만은 "결정을 위해 모였지만 결론이 없는 회의"라는 점이다. 이런 불만이 나오는 데에는 이른바 '회의 빌런'들의 존재도 큰 몫을 한다. 예를 들어, 지식만 자랑하고 대안을 제시하지 않는 사람, 회의 내내 침묵만 유지하는 사람, 결론 없는 말만 반복하는 사람, 상사의 말에 무조건 동조하는 사람 등이 있다.

또한, 리더가 자신의 생각과 다르면 화를 내거나, 회의 주제를 갑자기 다른 방향으로 바꾸는 등의 사례도 회의의 질을 떨어뜨리는 요소로 작용한다. 이처럼 다양한 유형의 비효율적 참여자들이 있는 한, 회의는 길어지기 쉽고 결론 없는 흐지부지한 상황으로 끝나기 쉽다. 그 결과 구성원들은 회의에 대한 허탈감과 무력감을 느끼게 된다.

---

* Hadley, C. N., & Eun, E. (2022, March 9). Dear manager, you're holding too many meetings. Harvard Business Review

가장 바람직하지 않은 회의는 아무도 말하지 못하는 분위기에서 장시간 논의 끝에 "다시 회의 일정을 잡읍시다"라는 결론만 남는 회의다. 이러한 회의 문화는 리더의 역할과도 밀접하게 연결된다. 일부 조직에서는 회의실 의자를 없애 스탠딩 회의를 시행하거나, 모래시계를 사용해 시간제한을 하는 등 물리적 장치로 회의 문화를 개선하려는 시도를 하고 있다.

물론 회의 시간이 길더라도 명확한 결론이 도출되고 모두가 이에 공감하며 실행력을 다짐할 수 있다면 생산적인 회의라 할 수 있다. 그러나 대부분의 회의는 그렇지 못하기 때문에, 회의의 생산성을 높이기 위해서는 리더가 퍼실리테이터로서의 역할을 충실히 수행해야 한다. 퍼실리테이션 리더십은 구성원의 경험과 지식을 존중하고, 개방적이고 유연한 상호작용을 통해 자발적 참여를 유도하며, 집단지성을 끌어내는 방식이다.

리더는 회의의 조타수로서 논의가 빗나가지 않도록 흐름을 조율하고, 회의의 방향을 명확히 잡아야 한다. 반면, 리더가 일방적으로 결정하고 내용을 전달하는 회의는 바람직하지 않으며, 그럴 바에는 차라리 보고와 지시로 대체하는 편이 더 효과적이다.

회의 문화를 개선하려는 노력은 곳곳에서 시도되고 있다. 예를 들어 사전 자료 공유, 시간 제한 설정 등은 모두 유의미한 접근이다. 그러나 결국 실행력 문제로 귀결된다. 실행을 견인하고 회의 문화를 선도할 수 있는 사람은 리더 자신이며, 리더의 지속적인 원칙 준수가 회의 문화를 조직문화로 정착시키는 핵심이 된다.

조직을 망치는 지름길은 편가르기

성과주의에 대한 지나친 신봉은 비윤리적이거나 폭력적인 리더십을 방관하게 할 가능성이 크다. 나는 이러한 유형의 리더십을 '파쇼적 리더십'이라 부르는데, 이는 나르시시스트이거나 자신의 약점을 감추기 위해 은밀한 공작을 벌이는 기회주의자들에게서 자주 발견된다. 이들은 성과가 모든 가치에 우선한다고 믿게 만들며, 수단과 방법을 가리지 않고 성과를 내는 행위를 두둔하는 분위기를 조성한다.

여기서 '비윤리적'이라는 표현은 단지 법적 기준에 국한된 것이 아니라, 인간으로서 마땅히 지켜야 할 도리를 외면하는 것을 의미한다. 탐욕, 질투, 비방, 미움, 공포 조장 등과 같은 감정이나 행위를 통해 사람들에게 영향력을 강제하는 모든 리더십을 비윤리적이라 볼 수 있다. 문제는 이들이 성과를 내는 과정이나 결과를 오직 자신의 언어로만 해석하여 전달하고, 외부에서는 그 주장에 일정 수준의 신뢰를 보이며 그 위험성을 간과한다는 점이다.

이러한 리더는 정보를 통제하기 위해 다른 소통 채널을 계통이란 명분으로 차단하며, 오직 자신에게 집중되도록 한다. 나아가 자신에게 우호적인 '우리'와 그렇지 않은 '다른 사람들'을 구분 지으며, 후자를 교묘하게 소외시키고 괴롭히는 방식으로 조직을 통제한다. 이는 눈에 보이지 않는 직장 내 괴롭힘으로, 정직하게 일하고자 하는 다수의 구성원들의 의지를 꺾는 결과를 낳는다.

결국 비윤리적 리더는 '내 눈에 잘 보이는가'라는 기준 하나로 사람을 평가하고, '다른 사람들'을 무능하거나 열정 없는 이들로 낙인찍는다. 이와 같은 구도 속에서 '우리'에 속한 이들의 결속은 강화되고, '다른 사람들'은 언제든 제거될 수 있다는 무언의 압박 속에서 침묵과 눈치보기의 문화에 잠식된다. 이러한 조직은 구성원들이 마음속의 이야기를 꺼내놓을 수 없는 공간이 되며, 술잔과 한숨 속에서만 설움을 털어놓는 현실이 반복된다.

그렇다면, 이러한 파쇼적 리더들은 왜 그런 행동을 지속하는 것일까? 그들은 세상의 모든 관계를 '이익'의 관점에서 해석한다. 즉, 서로 성장하고 함께 성과를 만드는 'Positive Sum'이 아닌, 내가 이기기 위해선 누군가 져야 하는 'Zero Sum'의 세계관 속에서 조직을 바라보는 것이다. 이러한 고정적 사고방식은 겉으로는 성장마인드로 위장되지만, 실제로는 조직을 점차 오염시킨다.

따라서 리더십은 단순한 조직 내 생존을 위한 기술이 아니라, 삶의 태도이자 마인드셋이어야 한다. 이것은 조직뿐 아니라 사회 전반에 적용되는 이야기이며, 특히 대규모 조직일수록 세밀하게 살펴보지 않으면 비윤리적 리더십을 짚어내기 어렵다. 정직하지 못하고, 사익을 추구하며, 비방과 거짓으로 권력을 휘두르는 리더들이 적지 않다는 점을 우리는 현실 속에서 자주 목격한다.

리더는 윤리적이어야 하며, 그 권한을 사유화해서도 안 된다. 리더가 스스로를 '강자'로 규정하는 순간, 구성원은 '약자'의 굴레에 갇히게 되며 통제와 지배의 대상이 된다. 법의 문제가 아닌 상식의 문제로서, 정직하고 인간적인 리더가 조직의 경쟁력과 성장의 중심에 서야 한다.

리더는 전체를 보아야 하며, 일시적 성과에 안주하지 않고 부분 최적화가 전체 최적화를 대체할 수 없다는 사실을 인지해야 한다. 또한 리더는 사람을 육성해야 한다. 자신의 말을 따르는 것을 역량의 기준으로 삼는다면, 애초에 리더의 자격이 없는 것이다. 드러난 성과뿐 아니라 잠재력을 파악하고 끌어내는 능력이 리더의 책임이다.

리더는 솔직해야 한다. 구성원 앞에서는 리더일 수 있지만, 자신이 속한 더 큰 조직에서는 팔로워로서 균형을 지켜야 하며, 진정성 있는 소통과 실천을 통해 신뢰를 형성해야 한다. 이러한 자세는 조직에 위기가 닥쳤을 때 함께 이겨낼 수 있는 동료와 후배를 만들어 낸다.

그리고 리더는 비방하지 않도록 주의해야 한다. 자신이 부족하다는 사실을 감추기 위해 비방과 이간질을 일삼는 이들은 결국 조직을 해치는 존재가 된다. 니체는 비방을 더러운 복수심이라 말하며, 복수심에 눈이 멀어 타인의 성취를 끌어내리려는 저속한 행위라 했다. 비방은 스스로의 자존감을 보호하려는 왜곡된 방식이며, 결국 리더가 자신의 부족함을 극복하지 못한 결과이기도 하다.

편향성을 극복해 나가는
리더가 되어야

앞서 "사람을 남기는 리더가 가장 좋은 리더"라는 말을 한 바 있다. 여기서 말하는 '사람을 남긴다'는 것은 단순히 친하고 가까운 사람을 곁에 둔다는 뜻이 아니다. 사람을 육성하고, 개인의 역량을 넘어 조직의 역량으로 전환시키는 것이 진정한 의미다. 결국 이는 리더가 해야 할 본질적인 책무 중 하나다.

조직에는 다양한 사람들이 모여 있고, 누구나 직장생활 속에서 인정받고 싶어하는 욕구가 있다. 그러다 보니 직장 내 편애에 대한 이슈가 발생하는 것은 매우 흔한 일이다. 특히 사람과 사람 사이의 감정이 개입되면 공정한 평가나 기회 제공이 흐려지는 경우가 생기기 마련이다.

사람은 소위 '코드가 맞는' 공통의 관심사를 가지거나, 성향, 스타일이 맞는 사람에게 더 자연스럽게 애정이 생기게 된다. 이를 '내집단 편향In-group bias'이라고 한다. '팔은 안으로 굽는다', '가재는 게 편이다'와 같은 속담과 같다. 무의식적인 감정과 선입견이 판단에 개입하는 것이다.

아인슈타인의 일화는 이러한 내집단 편향을 잘 설명해 준다. 그는 독일계 유대인으로 독일에서 태어났지만, 나치 정권이 들어서자 독일 국적을 포기하고 프랑스로 망명했다. 그는 한 강연에서 "내 상대성 이론이 증명된다면 프랑스는 나를 '세계의 시민'이라 부를 것이고, 독일은 나를 '독일인'이라 할 것이다. 반대로 이론이 틀렸다고 밝혀지면, 프랑스는 나를 '독일인'이라 하고, 독일은 나를 '유대인'이라 할 것이다"라고 말한 바 있다. 이는 사람들의 평가는 객관보다 집단의 이해관계나 감정에 좌우되기 쉽다는 사실을 잘 보여준다.

완벽한 사람은 없듯이, 무의식적인 편견 역시 누구에게나 존재한다. 중요한 것은 이러한 본성을 부끄러워하기보다는, 인간의 자연스러운 심리 기제로 이해하고, 이를 극복하려는 노력을 지속하는 것이다. 특히 리더라면 스스로를 되돌아보며 이러한 편향이 조직 운영에 영향을 주지 않도록 더 주의해야 한다.

하버드 비즈니스 리뷰에 소개된 한 연구*에 따르면, 리더의 56%는 공식적인 승진 절차가 시작되기 전에 이미 특정 대상을 염두에 두고 있다고 한다. 그렇게 미리 마음을 정한 편애 대상자가 실제로 승진하는 비율은 무려 96%에 이른다. 더 나아가 리더의 84%는 편애가 실제로 승진 결정에 영향을 미친다고 솔직히 인정했다. 이 결과는 '편애'라는 무서운 함정이 조직의 공정성과 역량 개발에 얼마나 큰 영향을 줄 수 있는지를 보여준다.

그렇다면 리더는 스스로의 편애를 자각하고 있을까? 리더 역시 감정을 가진 인간이기에, 열심히 일하고 능력을 입증하는 구성원에게 더 호감을 느낄 수밖에 없다. 때로는 인간적으로 편한 사람에게 더 애정을 갖는 것도 자연스러운 일이다. 말장난처럼 들릴 수 있지만, '편해서 편애가 생긴다'는 표현이 결코 틀린 말은 아닐 것이다.

---

* Harvard Business Review. (2024, March 7). How to succeed when you're not the boss's favorite

그러나 편애는 내부적으로 신뢰관계를 망치고 전체적인 효율을 떨어뜨리게 된다.

편애한다는 이야기를 들었을 때, "여러분도 그렇게 해보고 말씀하세요"와 같은 반응을 보이기보다는, 왜 그렇게 느끼는지를 먼저 이해하려는 태도가 필요하다. 이런 상황에서 리더에게 필요한 것도 결국 '공감적 경청'이다. 요즘 유행어처럼 "알빠임?"이나 "눼눼눼"와 같은 냉소적이고 형식적인 경청이 아니라, 상대방을 진심으로 이해하고자 하는 태도에서 비롯된 경청이어야 한다. 그렇지 않을 경우, 그 피드백은 감정적인 반응이나 변명으로 간주되기 쉽고, 결국 무시되거나 소문으로 왜곡되기 마련이다.

리더의 무의식적인 편향은 구성원들에게 '불공정함'이라는 감정으로 다가온다. 단순한 인간관계를 넘어서, 이러한 편애는 업무, 평가, 보상 전반에 대한 신뢰를 무너뜨릴 수 있다. 특히 조직 내에서 공정성과 투명성은 심리적 안전감의 핵심 요소인데, 편애는 이를 근본적으로 훼손하는 행위가 된다. 젊은 세대일수록 공정성에 대한 민감도가 높은 만큼, 리더는 자신이 보이는 태도와 말투에 더욱 주의를 기울여야 한다.

이러한 상황이 반복되면, 조직 내 신뢰관계는 쉽게 무너지게 된다. 분열이 생기고, 서로 다른 편이 만들어지며, 갈등이 심화되는 것이다. 이는 단순한 갈등을 넘어 조직 역량의 분산으로 이어지고, 몰입 저하와 성과 하락이라는 결과로 이어진다. 따라서 리더는 본인의 평소 커뮤니케이션 스타일을 점검해 볼 필요가 있다.

자신도 모르는 사이, 비언어적 표현—목소리의 억양, 제스처, 눈빛, 표정 등—을 통해 편애를 드러내고 있을 수 있다. 예컨대, 누군가에게는 지나치게 다정하게, 또 다른 누군가에게는 차갑고 무관심하게 대하는 방식이 반복된다면, 이는 구성원 누구에게나 명확한 메시지를 전달하게 된다. 몇 마디 말, 몇 가지 행동만으로도 리더의 편향성은 조직 전체에 퍼져 나갈 수 있다. 결국 이러한 리더의 태도는 몰입을 방해하고, 조직 전체 성과에 부정적인 영향을 미치게 된다.

이러한 점에서 리더는 사람을 지나치게 가르거나 편애하는 것을 스스로를 궁지로 몰아넣는 일임을 자각해야 한다. 특히 DE&I의 관점에서 보자면, 편향성은 다양성으로, 불공정성은 공정성으로, 배타성은 포용성으로 전환되어야 한다. 이것은 리더십에 국한된 것이 아니라, 성숙한 시민의식과 삶의 태도를 함께 만들어 가는 여정이다.

진정한 리더십은 자신의 감정이나 욕망을 따르는 것이 아니라, 자신이 옳다고 믿는 가치에 따라 행동하는 데서 시작된다. 이러한 가치 중심의 행동은 어려운 상황에서도 흔들림 없이 자신과 공동체의 방향을 지켜주는 나침반이 된다. 리더는 타인의 길을 비추는 화려한 '빛'이기보다는, 묵묵히 방향을 제시해주는 '이정표'에 가까운 존재다. 결국, 공동체의 가치를 지키고 올바른 길로 이끌어 주는 사람이야말로 진정한 리더라고 할 수 있다.

사람을 떠나지
않게 하는 문화

최근 '블라인드'라는 익명 커뮤니티 앱에서 신입사원들의 퇴사 고민이 화제가 되었다. 이 앱은 대나무숲처럼 속마음을 털어놓는 순기능도 있지만, 때로는 욕망의 하수구처럼 익명의 그늘 속에서 조롱이나 원색적인 비난이 오가기도 한다. 익명이라는 가면 뒤에서 터져 나오는 솔직함은 때로 공감을 얻으며 뉴스 기사로까지 이어지곤 한다.

CASE1: 우린 치즈 크러스트만 먹는다구

2024년 7월 블라인드에 올라온 사연이 기사화된 사례다. 한 회사의 부서에서는 바쁜 날이면 팀 전체가 치즈 크러스트 피자를 먹는 것이 불문율이었다. 신입사원이 새로 들어와 피자를 주문하게 되었는데, 실수로 치즈 크러스트를 추가하지 않고 기본 도우를 주문했다. 이를 두고 선임이 다른 선배들에게 불만을 드러냈고, 그 부담이 신입사원에게 그대로 전해져 퇴사를 결심하게 되었다는 이야기다.[*]

CASE2: 고기 구우려고 입사한 것이 아닙니다

2024년 8월 또 다른 사연이 블라인드를 통해 기사화[**]되었다. 신입사원이 회식 자리에서 고기를 굽는 일을 전담하게 되었고, 일

---

[*] 파이낸셜 뉴스. "신입이 피자 때문에 퇴사한다", 2024년 7월 30일, 한승곤 기자
[**] 주간조선, "회식 때 고기구우면 10만원 준다던데" 수치심에 퇴사 고민 신입, 2024년 8월 15일, 이한나 기자

부 회사에서는 이 고생에 수고비를 챙겨준다는 이야기가 뉴스로 보도되었다. 열심히 공부하고 준비해서 입사했는데 고기만 굽고 허드렛일만 하게 되는 현실에 현타가 온다는 것이다. 기성세대는 쉽게 공감하지 못하더라도 당사자 입장에서는 수치심을 느끼기에 충분하다.

이러한 사례를 접하며 많은 생각이 들 수밖에 없다. 신입사원이 사소한 일에 예민하게 반응한다고 치부할 수도 있지만, 별것 아닌 일이라면 오히려 더 편하게 배려해 줄 여유가 있어야 하지 않을까. 웃어넘길 수 있는 여유조차 없는 조직은 건강하다고 보기 어렵다. 이미 이런 통과의례를 겪은 사람들 입장에서는 그저 사회생활의 일부라고 여길 수도 있다.

한 예능인이 유튜브에서 업급했던 "넌 늙어봤니? 난 젊어봤어"라는 말은 어찌보면 어른을 선지자로 위로할 수는 있지만, 이러한 상황에서는 불합리를 합리화하는 꼰대의 언어가 되기 쉽다. 신입사원들에게는 부당한 일이 되고, 익숙한 사람들에게는 그냥 거쳐가는 의례로 여겨질 수 있다. 그래서 조직문화의 중요성이 더욱 강조되어야 한다.

고기를 굽는 신입사원에게 수고비를 준다는 회사의 사례를 들었을 때, 큰 수치심과 분노를 느꼈다. 고기 굽는 일이 왜 신입사원만의 몫이 되어야 하며, 그것이 당연시되어야 하는가. 피자의 도우가 팀에겐 중요했다 해도, 한 끼 정도는 웃으며 넘어가거나, 규칙이라면 친절하게 알려줄 수 있었을 것이다.

강압적이고 위계적인 문화가 쉽게 바뀌지 않는 이유 중 하나는, 이제는 대접받고 싶은 선배들의 본전 생각 때문이다. 시대가 변했음을 인정하지 못하는 태도가 변화를 가로막는다. 하지만 신입사원들도 감정적으로 쉽게 회사를 단정하거나 포기해서는 안 된다. 입사 전까지 자기 주도적으로 살았다면, 입사 후에는 공동의 목표와 룰에 적응해야 하는 상황도 많기 때문이다.

내 의지만 중요한 것이 아니라, '우리'라는 틀에 적응하고 함께 만들어가는 과정이 필요하다. 불합리함을 견디라는 말이 아니라, 사소한 것들까지 자신만의 정의로 재단하지 말자는 것이다. 자신에게만 엄격한 정의를 적용하면서 스스로의 울타리 안에 머무르는 선택적 정의도 경계해야 한다.

만약 고기를 혼자 굽는 일에 수치심을 느꼈다면, 다음 직장에서는 피자 주문 실수로 또 수치심을 느낄 수도 있다. 물론 개인의 성향 차이도 존재하겠지만, 이러한 부담을 당연하다는 듯 강요하는 태도야말로 더 큰 문제다. 그래서 리더는 사소한 것처럼 보이는 일에도 규칙을 정하고 문화를 설계하는 '룰 세터'로서의 역할을 수행해야 한다.

합의된 룰 속에서는 선배도, 신입도 마음이 덜 상하게 된다. 다양성과 공정성, 포용성을 갖춘 조직문화는 위아래로 나뉘는 경직된 분위기보다, 서로 존중하고 예의를 지키는 수평적 문화로 나아갈 수 있게 한다. 건강한 개인과 조직은 이렇게 만들어지는 것이다.

헤어짐도 만남만큼이나 중요하다

치즈 크러스트 피자가 아니라고, 고기를 혼자 굽는 것이 부당하다고 어렵게 들어온 회사를 그만두는 것은 아무리 생각해봐도 억울한 일이다. 그리고 사람이 들어오는 것만큼, 헤어짐도 중요한 일이라는 것은 두말할 필요도 없다. 의례적으로 리더들은 조직이나 팀에 새로운 사람이 오면 "이제 우리는 한배에 탄 거야"라는 말을 하곤 한다. 운명공동체까지는 아니더라도, 같은 조직에서 함께 일하는 동료의식은 반드시 필요하다.

신입사원을 채용하면 많은 조직에서 정착을 위한 온보딩 프로그램을 운영한다. 'On + Boarding'은 말 그대로 한 배에 올라탔다는 의미다. 과거에는 채용 → 배치 → 교육 → 보상 → 퇴직의 HR 프로세스가 일반적이었지만, 요즘은 채용 → 온보딩 → 성장 → 오프보딩이라는 흐름이 대세가 될 만큼 온보딩의 중요성은 더욱 커졌다. 사람 한 명이 들어온다는 것은 그 사람의 과거와 현재, 미래가 함께 들어오는 일이라는 점에서 조직은 더욱 신중하게 받아들여야 한다.

시인 정현종은 "사람이 온다는 건 실로 어마어마한 일"이라며, 한 사람을 맞이하는 일이 한 사람의 일생을 마주하는 일이라는 깊은 메시지를 전했다. 직장에서의 온보딩 또한 그만큼의 의미와 무게를 가진다. 그래서 어떤 기업은 HR 부서 내에 온보딩 전담팀을 두는 등 실질적인 제도를 마련해 운영하기도 한다. 채용 이후의 경험 설계가 채용만큼이나 중요해진 시대다.

    온보딩은 단순히 환영인사나 업무 안내에 그치지 않는다. 직무교육, 조직문화와 경영철학 교육, 멘토 지정, 버디 제도 등 다양한 방식으로 신입을 돕는다. 이러한 활동은 신입사원이 자신의 선택에 대한 확신을 갖고, 조직 내에서 소속감과 안정감, 그리고 미래에 대한 기대감을 가질 수 있도록 하는 데 목적이 있다. 결국 이는 구성원의 몰입도를 높이고 조직에 긍정적인 영향을 미친다.

    그럼에도 불구하고 많은 신입사원들이 1년이 채 되지 않아 회사를 떠난다. 실제로 평균적으로 약 20%의 신입사원이 1년 안에 퇴사한다는 통계가 있다. 인사담당자의 75% 이상이 "신입 한 명이 퇴사하면 약 2천만 원의 손실"이라고 답한 것[*]을 보면, 기업 입장에서는 그 이탈이 결코 가볍지 않다. 이는 단순한 인력 손실이 아니라 조직문화와 전략실행에도 영향을 미치는 문제다.

    〈잡코리아〉의 조사[**]에 따르면 신입사원의 퇴사 사유 중 가장 큰 비중을 차지하는 것은 '직무적성과 맞지 않음'과 '조직문화에 대한 적응 실패'였다. 이 두 가지는 온보딩의 중요성을 다시 한 번 일깨워주는 지표이기도 하다. 개인의 성향과 조직의 분위기가 어긋날 경우 적응은 쉽지 않다. 그래서 더 촘촘하고 사람 중심적인 온보딩 설계가 필요하다.

    그렇다면 반대편에 있는 '오프보딩'은 어떨까? 우리는 이와 관련

---

[*] 고용노동부 & 한국고용정보원. (2023). 2023년 하반기 기업 채용동향조사
[**] 문화일보, "첫 직장 유지, 퇴사의 이유는 직무적성 때문" 2022년 12월 11일, 최준영 기자

하여 '직원 경험Employee Experience'이라는 개념을 짚어볼 필요가 있다. 직원 경험이란 구성원이 회사에 재직하는 동안 겪는 문화, 관계, 업무 등 전반의 경험을 의미하며, 기업의 생산성과 인재 확보의 핵심이 되는 개념으로 주목받고 있다. 조직의 진짜 평가는 구성원이 떠날 때 드러난다.

그럼에도 불구하고 현실은 녹록치 않다. 신입사원뿐 아니라 수많은 사람들이 이직을 결심하고, 새로운 환경을 찾는다. 직장인 커뮤니티나 앱, 포털에는 매일같이 퇴사에 대한 고민과 경험담이 폭포수처럼 올라온다. 그만큼 일터에서의 경험이 중요한 시대가 되었다는 의미다.

신입사원들과 달리, 어느 정도 일을 한 경력사원들은 퇴직을 하면서 진심을 말하지 않는 경향이 있다고 한다. 〈잡코리아 X 알바몬〉의 조사*에 따르면 밝히지 않는 퇴직 사유의 주 원인은 대인관계에서의 갈등이다. 이 설문조사에 따르면 솔직히 말하지 않는 퇴직 사유 1위는 상사나 동료와의 갈등이었고, 2위는 조직문화와의 부적응, 3위는 직급이나 직책에 대한 불만이었다. 4위는 워라밸이 지켜지지 않아서였고, 5위는 복리후생에 대한 불만족이었다. 이 결과는 많은 직장인들이 진짜 퇴사 이유를 숨기며, 인간관계와 조직문화가 주된 이탈 요인이라는 점을 보여준다.

오프보딩은 'Off + Boarding', 즉 배에서 내리는 과정이다. 온보

---

* 연합뉴스, "직장인 절반 퇴사이유 숨겼다. 밝히지 못한 진짜 이유는", 2020년 4월 13일, 최재서 기자

딩이 조직의 필요에 의해 정착을 위한 적극적인 노력과 비용이 수반되는 것이라면, 오프보딩은 상대적으로 비용이 적고 체계적인 프로그램이 없는 경우가 많다. 많은 경우, 이별의 순간은 면담 한 번 없이 형식적인 절차로만 진행되며, 떠나는 사람은 정서적인 소외감 속에 회사를 등진다. 회사는 정보보안이나 리스크 관리를 위해 오프보딩 절차를 중요하게 여기지만, 정작 사람에 대한 감정적인 고려는 부족한 경우가 많다. 허심탄회한 대화 없이 프로세스만 기계적으로 반복된다면, 퇴사자 입장에서는 그 서운함이 더욱 커질 수밖에 없다. 사람이 조직에 들어오는 일이 '어마어마한' 일이라면, 나가는 순간도 그에 못지않게 중요하다는 점을 잊지 말아야 한다.

퇴사 과정에서 개인의 소회나 조직에 대한 피드백을 들을 수 있다면, 회사는 놓치고 있던 문제를 발견하거나 조직문화 개선의 실마리를 얻을 수 있다. 물론 떠나는 사람이 감정적으로 말할 수도 있지만, 반대로 회사에 대한 애정에서 비롯된 고언일 가능성도 존재한다. 오히려 이런 순간이야말로 진정성 있는 대화를 나눌 기회가 될 수 있다.

퇴사자에 대한 정서적 안정과 배려도 중요하다. 고생한 시간에 대한 감사 인사는 큰 비용 없이도 줄 수 있으며, 이것은 장기적으로 회사의 평판 관리에도 긍정적인 효과를 준다. 좋은 이별은 회사에겐 브랜드가 되고, 개인에게는 다음 여정을 위한 에너지로 남는다. 시스템적 리스크 관리는 별도로 하되, 감정적 마무리는 따뜻하게 해야 한다.

요즘은 즉시 전력감인 경력직을 더 선호하는 추세다. 직무적성에 확신이 없는 신입사원들보다, 경험 있는 경력직을 채용하는 것이 유연한 조직 운영에 효과적이라는 판단 때문이다. 많이 들어오고 많이 나가는 흐름이 일상이 된 시대이기에, 이별을 아름답게 만들려는 리더의 노력은 더욱 중요해졌다.

사람은 감정이 있지만, 조직은 시스템으로 움직인다. 그러나 만남에 진정성이 필요하듯, 이별에도 감정과 성찰이 필요하다. 그렇게 좋은 이별을 학습하고 실천한다면, 남는 사람도 떠나는 사람도 모두에게 의미 있는 직장 생활이 될 것이다.

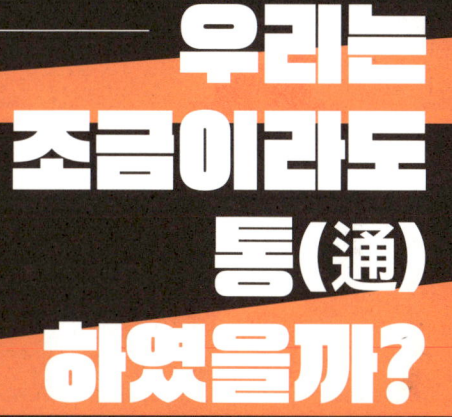

소통과 신뢰가 없다면 리더십은 무용지물

리더의 태도와 함께 만들어 가야 할 조직문화가 중요했다면, 이것을 구체화하기 위해서 리더는 단지 말하는 것이 아닌 서로 통할 수 있는 소통의 본질과 방법을 효과적으로 활용해야 한다. 많은 사람들이 리더십에 대해 이미 충분히 잘 알고 있지만, 정작 직장생활에서는 리더십이 가장 어렵다고 말한다. 소통은 늘 하고 있는데 소통이 어렵다고 느끼는 이유는 같은 맥락일 것이다. 나 역시 가장 어려운 점이 무엇이냐는 후배들의 질문에, 성과나 업무가 아닌 '리더십'

과 '소통'이라고 말을 해왔다.

왜 알고 있지만 잘 활용하지 못하는 어려움을 느끼게 되는 것일까?『내가 정말 알아야 할 모든 것은 유치원에서 배웠다』라는 책 제목처럼, 우리는 이미 리더십이나 소통에 대해서 굳이 이론이나 책이 아니더라도 경험이나 교육을 통해 익숙하게 알고 있다. 하지만 정작 이것을 적용하기는 쉬운 일이 아니며, 아는 것과 아는 것을 실천하는 것은 완전히 다른 이야기다.

결국 원하는 방향의 리더십을 행사하거나 변화관리를 위해서는 의식적으로 리더십에 대해 생각하고, 의도적으로 리더십을 실천해야만 한다. 늘 하고 있는 소통 역시 마찬가지다. 작은 것이라도 정확하게 이해하고 그것을 의식적으로 인지하려는 노력, 그리고 알고 있는 것을 실제 적용하려는 의도된 행동만이 예견된 결과를 만들어 낼 수 있다.

구슬이 서말이라도 꿰어야 보배라는 말이 있듯, 아무리 알고 있는 내용이라도 실천하지 않으면 무용지물이다. 또한 어설프게 알고 있는 것을 맹신하는 것도 실패의 출발이 된다. 리더는 소통과 신뢰라는 리더십의 핵심 원리를 이해하고, 이를 실현하기 위해 감성 리더십에 대한 의식적인 인식과 전략을 갖추어야 한다.

감성 리더십이란 구성원들을 감성적으로 대하는 태도를 의미하는 좁은 의미가 아니라, 팀의 역량을 끌어올리기 위한 단계별로 의도된 리더의 행동을 포함한다. 개인적인 관심과 배려가 있을 때 비로소 구성원 각자가 하나의 팀으로서 자신의 역할을 다하게 된다.

이것이 진정한 감성 리더십의 본질이다.

따라서 진정한 소통을 통한 리더십은 하나의 조직문화, 나아가 일하는 방식을 만들게 되고, 그렇게 만들어진 조직문화는 단순한 문화의 차원을 넘어 '조직문화라 쓰고 조직역량이라 읽는' 큰 차이를 만들어낸다. 이성과 논리에 관련된 좌뇌와, 감정과 직관에 관련된 우뇌를 조화롭게 사용하는 것처럼 리더십 또한 특정 성향에 고정되지 않고 상황과 대상에 맞게 유연하게 작동되어야 한다.

리더십은 일반적으로 "공동의 목표를 달성하는 과정에서 구성원에게 영향을 미치는 능력"으로 정의된다. 여기에 감성을 더한 감성 리더십은 "긍정 에너지를 끌어내는 힘"이라 할 수 있다. 리더가 자신의 내면을 파악하고 구성원의 감성을 이해하고 배려할 때, 자연스럽게 긍정적인 관계가 형성되며, 조직의 감성 역량도 함께 커진다.

물론 감성 리더십이 착한 리더 증후군처럼 단순히 인기에 영합하려는 태도로 흐르지 않도록 경계해야 한다. 감성 리더십을 행사하려면 자신의 한계와 가능성을 객관적으로 바라보며, 감정을 잘 다스리고 타인을 진심으로 이해하는 감성지능이 바탕이 되어야 한다. 무엇보다 중요한 것은 보여주기 식이 아닌, 진정한 존중과 배려의 태도다. 결국 리더십은 이론보다 태도가 먼저인 것이다.

리더십은 '자아성찰'에서 시작하는 것이 바람직하다. 리더십을 실천하기 위해서는 자기 감정을 통제하고, 자기 객관화를 통해 자신의 내면을 먼저 들여다볼 필요가 있으며, 이것이 전제가 되어야 변화관리도 가능하다. 남을 변화시키려면 나부터 변화를 인식하고

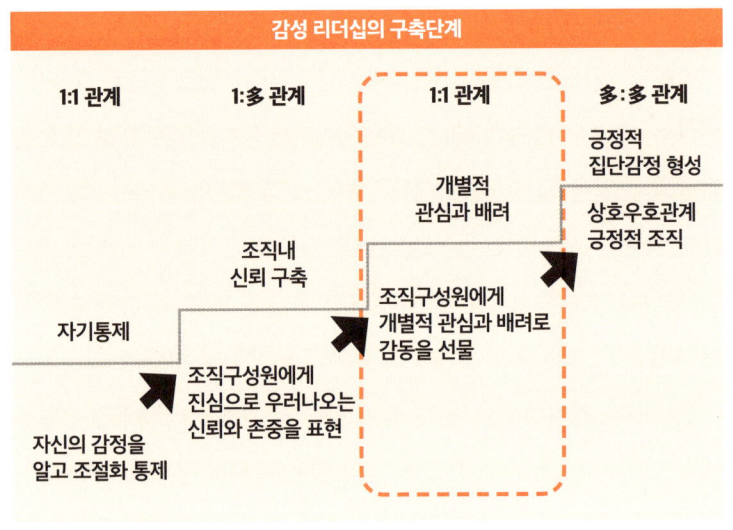

감성리더십의 구축단계*

 행동으로 옮겨야 가능한 일이기 때문에, 리더십은 구성원과의 관계에 앞서 자기 자신과의 1:1 관계에서 출발해야 한다.
 두 번째로는 조직 내 신뢰를 구축하기 위해, 리더가 조직 전체를 대상으로 방향과 지향점을 제시하고, 구성원들에게 진정성을 갖고 신뢰와 존중을 바탕으로 대하는 태도가 필요하다. 하지만 대체로 많은 리더들이 이 단계까지만하고 역할을 다했다고 착각하는 경우가 많다. 즉, "나는 진정성을 갖고 말했다. 그러니 구성원들은 다 알아듣고 자발적으로 따라와 줄 것"이라는 기대에 머물러 버리는 것이다.

---

* 삼성경제연구소 (2010). 긍정에너지를 끌어내는 힘, 감성리더십 P.4

그러나 나의 경험에 비추어보면, 세 번째 단계가 가장 중요하다. 그것은 1:多의 관계에서 1:1의 관계로 전환하여, 구성원 한 사람 한 사람에게 개별적인 관심과 배려를 기울이는 것이다. 마치 학교나 학원에서 집단 수업보다 1:1 과외가 효과적이었던 것처럼, 조직에서도 진정한 몰입과 성과를 이끌어낼 수 있다.

이와 같이 조직 내 신뢰관계가 단단히 구축되면, 구성원들 사이에 자발적이고 주도적인 움직임이 자연스럽게 생겨난다. 하나의 목표를 향한 몰입과 소통이 이뤄지고, 리더가 가진 긍정의 에너지가 조직 전체를 변화시켜 나가게 된다. 단지 말과 콘텐츠를 전달하는 것이 소통이 아니며, 설득을 넘어서 납득과 공감을 이끌어낼 수 있는 진정한 의미의 소통이야말로 신뢰를 만들고 리더십이 작동하게 되는 기초가 되는 것이다.

신뢰형성과
라포(Rapport)

얼마 전 TV 토론 프로그램에서 진정성에 대해 자신의 견해를 밝힌 논객의 말이 인상 깊게 다가왔다. 누구나 중요하다고 말하는 진정성은 리더십에서도 예외가 될 수 없는 만큼, 그 실체에 대해 다시금 생각해보게 되는 계기가 되었다. 토론에 참석한 한 패널은 이렇게 말했다.

"우리는 타인의 진정성을 알 수 없거든요. 어떤 사람이 진정 어떤 생각을 하는지 어떻게 알아보겠어요? 우리가 타인을 평가할 수 있는 것은 그 사람의 행동을 보고 알 수 있는 거예요."

말로만 하고 행동으로 옮기지 않는다면, 진정성은 결코 확인될 수 없다. 결국 마음속에 있는 그 한 자락의 뜨거움을 입술 끝에 두는 것이 아니라 행동으로 표현할 때만이, 비로소 타인이 그 진정성을 알아챌 수 있게 되는 것이다.

많은 리더들이 변화관리를 위한 다양한 가설을 세우고 실천에 옮기지만, 기대한 대로 결과가 나오지 않거나 리더십이 작동하지 않는다고 고민하는 경우가 많다. 리더십이 작동하기 위해서는 진정성 있는 행동이 기본이며, 그 바탕 위에 인간적인 신뢰와 유대감이 형성되어야 한다. 여기서 중요한 개념이 Rapport다.

Rapport란 사람과 사람 사이에 상호 이해와 공감을 바탕으로 형성되는 정서적 신뢰, 유대감, 심리적 안정감을 의미한다. Rapport를 형성하기 위해 리더가 의식적으로 활용할 수 있는 방법은 여러 가지가 있다.

첫 번째는 미러링Mirroring이다. 이는 상대방의 말이나 행동을 자연스럽게 따라하며 동질감을 형성하는 기법으로, 특히 공감 능력이 뛰어난 여성들의 대화에서 쉽게 나타나는 방식이다. 예컨대 상대의 말을 반복하거나 유사한 어휘로 반응함으로써 상대에게 공감과 관심을 표현하는 것이다.

극단적이지만 실제 가능한 예를 들어 보자. A가 "나 오늘 출근하는데 정말 안 좋은 일이 있었어"라고 말했을 때, B는 "안 좋은 일이 있었어? 무슨 일인데? 하루의 시작인데 속상했겠다"라고 반응한다면 진정한 공감이 된다. 반면 C가 "그래? 알았어. 그건 그렇고 어제 보고서는 어디까지 준비됐어?"라고 한다면, 상대는 관심을 받지 못했다고 느낄 가능성이 크다.

두 번째는 예스-셋Yes-Set이다. 이는 상대방이 긍정할 수 있는 문장이나 질문을 먼저 던짐으로써 동의와 공감의 흐름을 만드는 방법이다. 유대감이 형성되지 않은 상태에서 곧바로 설득에 들어가는 것은 효과가 떨어지기 때문에, 자연스럽게 "YES"라는 반응을 이끌어내는 대화 방식이 Rapport 형성에 유효하다.

세 번째는 관찰Observation이다. 많은 리더들이 상대의 말을 듣기 전에 이미 마음속으로 결론을 내리고 대화를 시작하는 경우가 많다. 이로 인해 상호 배려가 부족해지거나 오해가 생기기 쉽다. 따라서 리더는 성급한 추론 대신, 상대를 관찰하는 태도를 가져야 한다.

몇 해 전 간부 승진자 대상 리더십 강의를 하던 중의 일이 기억난다. 한 참여자와 나눈 대화가 이를 잘 보여준다. 그 사람은 배우자의 복직 이후 아이를 교대로 어린이집에 데려다주는 상황이 되면서 출근 시간이 늦어졌고, 그로 인해 스스로도 불편함을 느끼고 있었다고 한다. 이때 그의 리더는 이렇게 말했다고 한다. "○○○님, 도대체 요새 왜 그래? 늦게 출근하고 일도 제대로 안 하고 말이야. 이렇게 할 거야?" 사전 설명이 부족했던 참여자의 책임도 있겠지만, 리더가 조금만 더 관찰하고 관심을 가졌다면 전혀 다른 접근이 가능했을 것이다.

"○○○님, 요새 무슨 걱정이나 고민 있어요? 예전과 다르게 표정도 어두워지고, 출근 시간도 불규칙해져서 제가 좀 걱정이 됩니다. 잠깐 이야기 나눌 수 있을까요?" 이런 대화는 상대에 대한 애정 어린 관심과 존중에서 시작되며, 그것이 곧 관찰의 본질이다.

조직은 결국 사람이 중심이 된다. 사람이 모여 만들어진 것이 조직이라면, 조직 생활 속에서 인간적인 유대감과 신뢰감은 필수불가결하다. 특히 리더라면, 구성원과의 신뢰 관계 위에서만 변화 관리와 리더십이 실질적으로 작동할 수 있다는 점을 다시금 상기할 필요가 있다.

기다리지 말고 먼저 신뢰를 심어야

사회생활을 하면서 성장이 없다는 것이 확정되어 있다면, 그 누구도 열심히 일을 하지 않을 것이다. 갑론을박이 있을 수 있지만 인간은 무한한 가능성을 갖고 있다고 믿는다. 인간의 본성에 대한 고찰은 기원전으로 거슬러 올라가 맹자의 성선설과 순자의 성악설에 이르기까지 수천 년간 이어져 왔다. 동서고금을 막론하고, 인간에 대한 고민이 얼마나 깊고 지속되어 왔는지를 알 수 있는 대목이다.

성선설을 믿든, 인간의 본성은 성악설에 가깝다고 보든, 이러한 관점은 리더십과도 충분히 연결 지을 수 있다. 맹자의 사상은 왕도 정치와 혁명론으로 대표되는 정치철학과 개인의 내면적 성찰을 강조하는 성선설로 나뉜다. 그렇다면 성선설을 기반으로 하는 리더십은 어떤 의미일까?

맹자는 인간에게 네 가지 마음이 있다고 말하며, 그것이 없다면 사람이라 할 수 없다고 단언했다. 이른바 사단四端이라 불리는 이 네 가지 마음은 불쌍히 여기는 마음仁, 부끄러워하는 마음義, 양보하는 마음禮, 옳고 그름을 가리는 마음智이다. 맹자는 이 네 가지가 충만하면 천하를 얻을 수 있고, 부족하면 부모를 제대로 섬기기도 어렵다고 했다.

맹자의 사상을 기반으로 보면, 리더십은 인간에 대한 신뢰를 전제로 한다. 이는 시대를 초월해 반복적으로 나타나는 리더십의 핵심과도 통한다. 리더십 이론을 아무리 들여다보아도, 결국 신뢰와 소통 없이는 설명이 불가능하다. 좋은 리더십 스킬이 아무리 많아도, 신뢰가 없으면 누구도 움직이지 않는다.

그래서 리더는 신뢰받기를 기다리기보다는 먼저 구성원을 신뢰해야 한다. 자신이 구성원을 신뢰하지 않으면 그 신뢰는 돌아오지 않는다. 좋은 하루가 오기를 바라기보다 내가 좋은 하루를 만드는 것이 더 현명하듯 신뢰도 먼저 베풀어야 한다.

신뢰를 만드는
이해와 배려

우리는 외적·물적 요인에 의한 직무 만족 요인 이상으로, 성취감이나 인정 같은 직무를 만족시키고 성취감을 느끼게 하는 내적·심리적 요인이 더욱 강력하다고 생각한다. 개인적인 직장생활을 돌이켜 보았을 때, 완벽하게 분리하기는 어렵지만 금전적 보상의 경우보다 칭찬과 인정이 더욱 장기적이고 강력한 동기 요인이 된다는 것을 느꼈다. 금전적 보상에는 긍정적 피드백이 포함되어 있겠지만, 시간이 지날수록 그것만으로는 만족을 유지하기 어렵다. 오히려 성장과 성취를 위한 동기부여, 그리고 칭찬과 인정이 더 깊고 지속적인 만족을 주는 것이다.

직장생활을 한 사람들이라면 이런 말을 한 번쯤은 들어보았을 것이다. 구성원들은 "왜 이런 것을 칭찬해 주지 않지?"라고 말하고, 리더들은 "칭찬하라구요? 칭찬할 게 있어야 칭찬하죠"라고 답한다. 아쉽게도 많은 리더들이 자라온 환경이나 시대적 배경 속에서 칭찬에 대한 경험이 적고, 경쟁 중심의 성장 과정을 거쳐 왔기에 그 중요성을 간과하는 경우가 있다. 그러나 이는 변명일 수 있으며, 무엇보다 칭찬할 것이 없는 것이 아니라 칭찬하려는 태도가 부족한 것일 수 있다.

칭찬은 강력한 정서적 소통 방식 중 하나다. 흔히 소통은 업무적, 창의적, 정서적 소통으로 나뉜다. 업무적 소통은 정보 공유와 보고,

지시 등의 기능을 통해 성과 향상에 기여하고, 창의적 소통은 아이디어 제안이나 비전제시를 통해 창조적 성과를 유도한다. 정서적 소통은 이해, 배려, 공감 등을 통해 인간관계의 질을 향상시킨다.

정서적 소통의 핵심 수단 중 하나가 바로 '칭찬'이며, 칭찬에는 기술이 필요하다.

첫째, 칭찬은 타이밍이 중요하다. 즉시 하는 것이 효과적이며, 나중에 한꺼번에 하는 것은 오히려 효과를 반감시킨다. 칭찬할 일이 생겼을 때 바로 하는 것이 가장 적절한 타이밍이다.

둘째, 칭찬의 내용은 구체적이어야 한다. 모호한 말보다는 구체적인 행동과 그 과정, 성과에 대해 명확히 언급하는 것이 좋다. 특히 직원의 성격보다는 행동에 초점을 맞춰 칭찬하는 것이 바람직하다.

셋째, 다양한 방식으로 칭찬을 전달하는 것이 효과적이다. 단순한 말 한마디보다 구성원의 성향이나 상황에 맞게 식사 대접, 소소한 선물 등으로 감사를 표현하는 것도 방법이다. 이는 칭찬이 지닌 일상성과 자연스러움을 높여준다.

넷째, 칭찬의 공정성 역시 중요하다. 유사한 성과에는 동일한 기준으로 칭찬이 이뤄져야 하며, 일부만 편애하거나 소외되는 이가 없도록 주의해야 한다. 칭찬이 편중되면 오히려 조직 내 불신을 야기할 수 있다.

무엇보다도 가장 중요한 것은 '진정성'이다. 진심 없는 칭찬은 오히려 역효과를 불러오고, 구성원들에게 사내 정치로 받아들여질 위험도 있다. 반면에 진정한 감사를 바탕으로 하는 칭찬은 오래도록 기억에 남고, 지속적인 동기를 제공하게 된다.

개인적으로는 임원들을 대상으로 하는 경영자 코칭 과정에서 1:1 멘토링을 받으며 코치로부터 하루 3개의 감사한 일을 적는 'Thanks Note'를 써보라는 제안을 받은 적이 있다. 나는 그 제안과 함께 이전부터 메모로 해오던 칭찬들을 정기적으로 정리하기 시작했다. 처음에는 억지로 감사와 칭찬을 짜내는 것이 쉽지 않았지만, 시간이 지날수록 감사한 일과 칭찬할 일이 생각보다 많다는 것을 깨달았다. 이 과정을 통해 주변의 많은 이들에게 감사함을 느꼈고, 나 자신도 겸손해지는 경험을 하게 되었다.

이러한 작은 실천은 누구나 가능하다. 하루에 세 가지 감사하거나 칭찬할 일을 기록해보는 것만으로도, 자신이 얼마나 많은 도움을 받으며 살아가고 있는지를 깨닫고, 내면의 성장과 겸허함을 얻게 될 것이다. 진정한 칭찬은 단지 말을 건네는 행위가 아니라, 신뢰와 존중, 감사를 기반으로 한 리더십의 실천이기도 하다.

이해와 배려란?

리더의 소통 방법과 소통의 세 가지 영역을 살펴보았다. 말이 통해야 하고, 의미가 통해야 일이 통할 것이다. 그러나 단순히 말만으로는 부족하고, 말에서 의미로 전환하여 인식하려면 상대방에 대한 존중이 담긴 소통이 선행되어야 한다. 특히 리더는 칭찬에 이어, 이해와 배려라는 정서적 소통의 중요성을 인식하고 이를 통해 인간관계와 팀워크의 질을 향상시켜야 한다.

직장생활에서 가장 크게 영향을 받는 것이 인간관계다. 최근 소통이나 정서적 관계에서 오는 스트레스로 고민하는 후배들에게 이렇게 조언해 주었다. "대접받고 싶으면 먼저 대접해 주고, 인정받고 싶으면 먼저 인정해 주고, 인사받고 싶으면 먼저 인사해 줘라. 그 '먼저'를 안 해서 원하는 것을 놓치게 된다"고 말이다.

'이해'라는 말은 사전적으로 "깨달아 앎, 또는 잘 알아서 받아들임"을 의미하며, 상대방을 잘 아는 마음의 상태를 뜻한다. 반면 '배려'는 "도와주거나 보살펴 주려고 마음을 쓰는 것"으로, 이해를 실천하는 구체적인 행동이라 할 수 있다. 즉, 이해는 마음의 준비이고, 배려는 행동의 실천이다. 리더십과 마찬가지로 아는 것과 이해하는 것을 행동으로 옮기는 것이 중요하며, 진정성 역시 말이 아닌 행동으로 드러났을 때 비로소 완성되는 개념이다.

다시 한번 리더의 소통 방식에 대한 대화 예시를 통해 그 차이를 느껴보자.

[소통 단절의 대화 사례]
A팀장: 왜 이렇게 지각에 잦은 거야? 평가에 반영하겠어.
B팀원: 네, 죄송합니다. 똑바로 하겠습니다.

[이해와 배려의 대화 사례]
A팀장: 요새 무슨 일 있어? 안 그러던 사람이 지각을 다하고.
B팀원: 요새 아이가 폐렴에 걸려 병원에 입원해서…….

이해와 배려의 소통을 가능하게 하기 위한 전제 조건에 대해서도 생각해 볼 필요가 있다. 첫째, 편견과 선입견이라는 두 마리의 개를 멀리해야 한다. 이는 구성원들에 대한 차별로 이어지거나 불필요한 오해를 낳을 수 있으며, 결국 소통을 방해하고 조직 기반을 흔들게 된다. 따라서 편견의 가능성을 인정하고, 타인의 생각을 들으려는 태도를 견지하는 것이 필수적이다.

둘째, 타인에 대한 지식을 공유하는 시간을 마련하는 것이 좋다. 정기적인 대화와 사적인 관심을 기울이고, 격의 없는 대화와 소통의 장을 만들어 가는 것도 효과적인 방법이 될 수 있다. 이런 시간들은 리더가 구성원을 이해하고 공감하는 데 기반이 된다.

셋째, 다름을 이해하고 인정하는 자세가 필요하다. 나와 다른 것이 틀린 것이 아니라, 단지 다르다는 것을 인정하는 것이 존중의 시작이다. 특히 다양성이 강조되는 오늘날의 조직 환경에서는 이 태도가 더욱 중요하다.

넷째, 다양한 감정 경험을 축적하는 것이 좋다. 구성원의 입장에서 생각해보는 감정의 경험이 쌓일수록, 이해와 배려의 폭은 자연스럽게 넓어진다. 소통의 질은 결국 감정에 대한 민감도와 연결되어 있다.

마지막으로 리더에게 줄 수 있는 이해와 배려의 소통을 위한 실용적인 팁이 있다면, '리더가 하고 싶은 이야기'보다는 '구성원이 듣고 싶어 하는 이야기'로 시작해 보라는 것이다. 그렇게만 해도 대화의 문은 부드럽게 열리고, 서로를 이해할 수 있는 기반이 마련될 수 있다.

혼자 말하지 않는 리더가 되려면

리더는 없고 구성원들만 있는 SNS(카톡 등) 방이 있기 마련이다. 물론 리더 본인만 제외된 그 방에서는 회의 내용이나 분위기, 리더의 기분 상태나 가십 등이 자연스럽게 공유되곤 한다. 사실 리더들도 이를 눈치채고 있으며, 가끔은 서운한 감정이 들기도 한다. 그리고 스스로에게 묻게 된다.

"뭐가 문제지? 내 소통 방식에 문제가 있나?"
"왜 나만 말하는 것 같지? 왜 아무도 얘기를 안 할까?"

실제로 리더들은 많은 이야기를 하지만, 구성원들은 그것을 소통으로 받아들이지 않는 데서 문제가 시작된다. 소통이란 의견이나 의사 따위가 남에게 잘 통하는 것을 말한다. 그러나 많은 리더들이 본인이 말한 것 자체를 소통이라 착각하고, 구성원들의 공감 부족이나 반응 부재까지는 미처 챙기시 못한다. 결국 리더가 한 말을 상대가 이해하고, 필요한 경우 보완하고 더 나은 의견을 교환하는 순환적 피드백 루프가 없기에 소통의 본질은 실현되지 않는다. 어느 순간 리더는 자신만 말하고 있다는 자각 속에 현타가 오게 된다.

우리는 대부분의 에너지를 업무적 소통에 사용한다. 남은 에너지는 창의적인 사고나 인간관계의 정서적 소통에 쓰게 되는데, 업무에 모든 에너지를 쏟아버리면 악순환이 시작될 수 있다. 따라서 업무 에너지를 효율적으로 조절하여 번아웃을 방지하고, 남은 에너지를 적극 활용할 수 있도록 해야 한다.

조직 내 한 설문조사 결과, 회의에서 가장 개선이 필요한 항목으로 "상사만 혼자 이야기하는 회의"가 가장 많았고, 이어서 "결론 없이 장시간 지속되는 회의"와 "질타성 회의"가 꼽혔다. 리더의 지위가 높을수록 발언 시간이 길어지는 경향은 쌍방향 소통의 가장 큰 장애물이다. 회의에서 리더는 정답을 알더라도 질문을 통해 지지와 동의를 유도하며, '나의 결론'이 아닌 '우리의 결론'을 도출해야 한다. 구성원들의 자유로운 의견 표출 기회를 제공해야 하며, 혼자만 말하는 회의가 되지 않도록 해야 한다.

이를 위해 리더는 자만심을 내려놓는 것이 중요하다. 자신이 항상 앞서 있다는 생각이나, 자신보다 뛰어난 구성원이 없다는 태도는 경계해야 한다. 또한 구성원들이 갖는 두려움을 없애는 데 힘써야 한다. 공포가 조성되면 조직 침묵 현상*이 발생하고 부정적 정보는 차단되기 마련이다. 결과적으로 개선의 기회를 놓치게 된다. 구성원에게 권한과 자율을 부여하고, 정보는 자료가 아닌 구성원의 역량과 권한 속에서 나온다는 점을 잊지 말아야 한다.

소통은 말하는 것으로 그치지 않고, 양방향으로 흐르며 그 흐름이 반복되어야 한다. 이를 위한 환경을 리더가 앞장서서 만들어야 하며, 언제나 출발은 리더 자신으로부터 시작된다.

구성원의 마음을 읽는 방법

리더는 자신의 감정을 다스리는 것에서 출발하지만, 훌륭한 리더는 구성원의 감정까지 헤아릴 수 있어야 한다. 우리가 어떤 마음으로 출근하든 하루 대부분을 보내는 직장에서 정신건강은 매우 중요한 요소다. 정신건강을 지키기 위해서는 관계나 업무에서 오는 감정을 잘 관리하고 위협요인으로부터 자신을 안전하게 보호해야 한다.

앞서 구성원들이 리더의 기분을 살피지 않도록 감정과 스트레스 관리의 중요성을 언급한 적이 있다. 구성원의 감정까지 살필 수 있는 리더라면 더할 나위 없이 이상적일 것이다. 하지만 부정적인 감정을 세심하게 다루는 것은 리더십의 가장 어려운 기술 중 하나다.

---

* Morrison, E. W., & Milliken, F. J. (2000). Organizational silence: A barrier to change and development in a pluralistic world. Academy of Management Review, 25(4), 706 - 725.

2018년 하버드 비즈니스 리뷰는 감정 관리가 성과에 미치는 영향을 분석한 연구를 발표했다. 190개 팀을 두 그룹으로 나누어 실험했는데, A 그룹은 리더가 구성원의 감정을 인식하고 반응하게 했고, B 그룹은 리더가 감정에 주의를 기울이지 않도록 했다. 결과는 A 그룹의 성과가 더 높았고, 이는 구성원의 감정을 헤아리는 리더가 있는 조직일수록 팀 성과가 높다는 점을 시사한다.

  감정을 인식하고 공감하는 것만으로도 생산성과 신뢰는 높아질 수 있다. 그렇다면 리더는 어떻게 구성원의 감정에 다가가야 할까?

  첫 번째는, 상대의 감정을 인식하고 인정하는 것이다. 감정을 지나치지 않고, 조심스럽게 다가가며 프라이버시를 침해하지 않는 선에서 진심 어린 관심을 표현하는 것이다. 리더의 작은 관심이 큰 위로가 될 수 있다.

  두 번째는, 리더의 지지를 보여주는 것이다. 말보다 행동이 중요하다. 간단한 메모, 좋아하는 간식이나 음료, 눈빛이나 고개 끄덕임과 같은 비언어적 표현도 충분히 정서적 지지로 작용할 수 있다. 다만 신체 접촉이나 지나친 감정 상태의 언급은 피해야 한다.

  세 번째는, 문제 해결보다 들어주는 태도를 갖는 것이다. 리더의 역할에 대한 열망이 강하면 문제를 해결하려 드는 경우가 많은데, 오히려 섣부른 조언은 정서적 유대감을 해칠 수 있다. 고민의 상당수는 해결보다는 들어주는 것만으로도 치유된다.

  리더십은 쉽지 않다. 자신의 감정도 불안정한 상황에서 타인의 감정까지 돌보는 일은 어렵다. 그러나 구성원에 대한 애정 어린 관심과 관찰, 그리고 진심어린 지지와 배려는 리더십의 핵심이다. 결국 마음을 읽는 Reader가 좋은 Leader다. 이는 구성원뿐만 아니라 리더 자신에게도 좋은 일이 될 것이다. "해야 할 것을 해라. 모든 것은 타인의 행복을 위해서, 동시에 특히 나의 행복을 위해서이다"라는 톨스토이의 말처럼 말이다.

Text가 아닌 Context를 읽어라

리더십은 언제부터 시작되었을까? 리더십이라는 개념의 어원은 고대 영어의 "lithan" 또는 "leadan"에서 유래했으며 "가다" 또는 "안내하다"라는 의미로 전해진다. 아마도 인류가 존재하면서부터 어떤 형태로든 있었을 것이고 리더십도 시작되었을 것이다. 생존을 위해서 집단을 이루고, 그 집단을 유지하고 종족 번성을 위해 각자의 역할이 나눠지고 그것을 이끄는 존재는 항상 있어 오지 않았는가? 인간은 혼자서는 약한 존재지만, 모여서 힘을 합치면 개인의 합보다 더 강해지게 되는 것이고 이런 학습과 경험이 조직을 이루게 하는 기본적인 요건이 분명하다.

그래서 모든 인간은 어떤 형태로든 조직에 속해 있고 그 조직은 리더와 팔로워로 구성되어 있다. 리더와 팔로워 사이는 이해와 협력 외에 갈등도 아주 많이 발생하는 것이 사실이다. 리더가 있다는 것은 그가 가져야 하는 책임감과 조직을 어떻게 이끌지에 대한 기대가 포함되어 있다는 것이다. 그래서 리더는 숙명적으로 어떤 역할을 해야 할지, 어떻게 조직을 잘 이끌 수 있을지 고민하는 것이 당연한 일이다. 이 과정에서 리더는 팔로워를, 팔로워는 리더를 상대로 소통의 어려움을 느끼게 되는 경우는 쉽게 찾아볼 수 있기에 말 자체보다는 그 의미를 읽는 것이 필요하다.

Text는 문장이나 글로 표현된 의미 자체를 말한다. 메라비언의 법칙에 의하면 Context는 맥락이나 문맥 등 그 의미와 배경으로 비언어적 경로의 소통에 가깝다. 즉, 눈에 보이는 것 자체는 Text이겠지만 그 속에 숨어 있는 의미와 연결성, 배경과 생각 등이 Context라고 할 수 있다. 우리의 이력을 몇 자로 정리하면 Text가 되겠지만 이력 뒤에 숨어 있는 성격이나 성품, 역량, 리더십 등은 Context에 가까울 것이다.

리더는 구성원에게 이런 질문을 하곤 한다. "왜 일을 시키면 잘 따라오지 않지?" "왜 열심히 하지 않는 것일까?" 반면에, 구성원은 리더에게 이런 생각을 할 수 있을 것이다. "아니, 왜? 맥락 없이 이런 일을 시키지?" "뭔가 알아듣게 설명해 줘야 하는 것 아냐?" 이것은 일의 맥락을 모르면 진행되지 않는 것을 보여주는 대표적인 사례라고 생각한다. Text는 있지만 Context를 이해하지 못하기 때문이다.

리더는 본질적으로 구성원을 통해 일하는 방법을 제시하고 만들어가야 한다. 제아무리 뛰어난 리더도 혼자서 할 수 있는 일은 없다.

혼자서 하는 리더는 진정한 의미에서 리더가 아니다. 리더십은 재능이 아니라 스킬이라는 말도 있는데 나는 스킬보다는 태도에 가깝다고 생각한다. 스킬이 시간을 두고 반복적인 숙련을 통해 향상되기 마련이라면 리더십은 이런 숙련보다는 삶에 대한 태도에서 비롯되기 때문이다.

구성원을 통해 일하는 방법에는 다양한 방식이 있을 것이다. 권한 위임, 구체적 업무지시, 정보 전달, 점검과 지원, 신속하고 바른 의사결정, 복기를 통한 구성원 육성 등이 있다. 이 근간에는 "왜?"라는 질문처럼 왜 이 일을 해야 되는지에 대한 취지와 배경, 필요성이 구체적으로 드러나야 하고 이런 것이 바로 Context라는 것이다.

Context를 잘 읽기 위해서 리더들은 몇 가지 방법을 생각해 볼 수 있다. 첫째, 다양성을 이해하고 유연한 사고를 갖자. 이러한 사고에는 Text나 일을 개별적으로 다루지 않고, 왜 시작해야 하고 그 결과가 어떤 도움이 될지를 함께 고려하기 때문이다. 둘째, 직간접적인 학습과 균형감을 키우자. 모든 것을 직접적으로 학습을 할 수 없으니, 간접적인 학습을 통해서라도 깊이를 만들어야 Context를 담을 수 있는 해석도 가능한 것이다. 셋째, 효과적인 커뮤니케이션을 하자. 단순히 말의 전달이 아닌, 말의 의미와 그것이 담은 중요성을 비언어적인 소통을 통해서 해낼 때 Context는 더욱 잘 전달이 될 것이다. 넷째, 일을 함께할 때 시작은 이유와 그 배경을 이해하고 전달하는 습관을 만들자. 구성원을 통해 일하기 위해서는 정보 전달도 중요하지만, 모두가 갖고 있는 정보의 양이나 질이 같을 수 없다.

따라서 일의 시작에 앞서 배경이나 필요성을 충분히 소통해야 한다. 의미도 모르면서 일을 잘 해낼 사람은 없을 것이다.

최근 우리 사회에서도 Text에만 집중하고 Context를 이해하지 못하는 리더들이 여전히 많다. 사회에서 리더의 역할을 자처하는 사람들이 무엇이 옳고 그른지, 왜 이러한 일이 발생했으며, 어떻게 누구에게 영향을 주는지를 전혀 이해하지 못하고 오직 자신의 이익에 부합하는 Text에 집중한다. 리더는 Text가 아닌 Context를 봐야 한다는 것이 우리 현실에서 다시 한번 강조되어야 마땅하다. 이런 문제는 리더의 빈곤한 철학에서 오는 것이다.

강신주 작가는 자신의 저서 『바람이 분다, 살아야겠다』에서 이렇게 말했다. "우리가 철학과 인문학을 공부하는 이유가 Text와 Context 사이에서 왔다 갔다 하는 능력을 기르기 위해서이다" 그래서 대충 알고 흉내 내는 리더가 아닌, 삶의 태도로 리더십을 확장하며 개인의 삶에도 적용해야 한다.

리더가 열정적으로
소통해야 하는 이유

리더가 경청을 아무리 다짐해도, 실제로는 자신의 메시지를 전달하는 데 더 많은 에너지를 쓰는 경우가 대부분이다. 많은 이야기를 하더라도 변화관리는 쉽지 않으며, 기대한 만큼의 반응이나 결과가 없을 때 리더는 깊은 고민에 빠지게 된다. "내 얘기를 이해는 했을까?", "더 심각하게 얘기했어야 하나?", "나는 충분히 전달했다고 생각하는데 왜 아무것도 변하지 않는 것처럼 느껴질까?"라는 의문들이 대표적인 예다.

물론 품격 있는 리더십을 위해 경청의 기술이나 적절한 질문이 중요하다는 점은 부인할 수 없다. 그러나 그보다 앞서, 리더는 의사소통의 구조를 이해하고 '왜' 열정적인 소통이 요구되는지를 먼저 성찰할 필요가 있다. 메라비언의 법칙은 이러한 점을 이해하는 데 유용한 단서를 제공한다.

우리는 대체로 전달하고자 하는 내용을 언어적 경로를 통해 주고받는다. 즉, 말이나 문서 형식의 자료, 핸드아웃, 보고서 등의 형태로 소통하게 된다. 그러나 직장생활에서 "메일을 보냈다고 해서 일이 끝난 것은 아니다"라는 말을 들어본 경험이 있을 것이다. 반대로 메일이 너무 많아 하나하나 꼼꼼히 확인하기 힘든 현실도 존재한다.

이러한 사례는 단순히 메시지를 '전달'하는 행위 자체가 중요한 것이 아니라, 그것이 진정한 '소통'인지 여부가 본질이라는 점을 시사한다. 리더와 구성원 간의 관계에서 처리해야 할 단순한 업무 목록이나 이미 알고 있는 내용에 대한 피드백은 언어나 문서로도 충분할 수 있다. 그러나 변화의 방향, 전략의 맥락, 미션과 비전, 혹은 개인의 커리어 방향과 같은 복잡하고 정서적인 주제는 문서만으로 전달하기 어렵다. 따라서 언어적 경로만으로는 소통의 효과가 거의 없다고 메라비언은 설명한다.

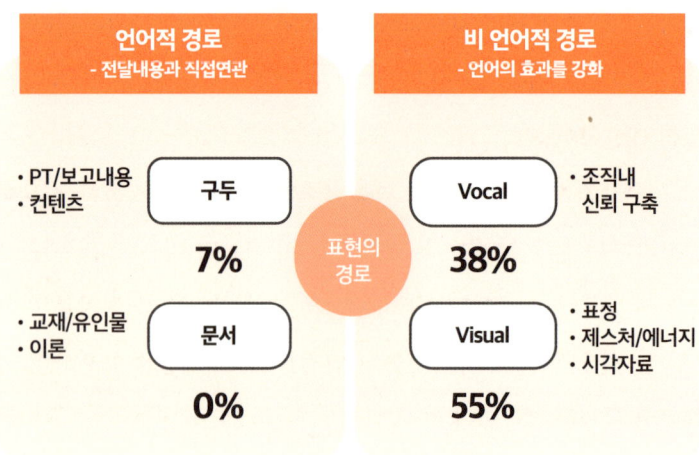

소통의 방식에 따른 효과의 차이

메라비언의 법칙에 따르면 문서로만 전달되는 소통의 효과는 0%에 가까우며, 단순히 말로만 기계적으로 전달될 경우에도 그 효과는 고작 7% 수준에 불과하다. 이는 메시지의 내용 자체보다는 전달 방식에 따라 소통의 성패가 갈릴 수 있음을 보여준다. 말 그대로, '내용이 전부'라고 생각하고 그것에만 집중할 경우 오히려 소통의 효과는 급감하게 되는 아이러니한 상황이 벌어질 수 있다.

이럴 때 리더십에서 가장 중요한 두 요소인 진정성과 1:1의 관계는, 메시지 자체가 아니라 전달되는 '방식'에 주목해야 함을 일깨운다. 진심 어린 관심과 배려가 담긴 소통은 구성원에게 깊은 인상을 남기며, 그 어떤 지시보다 강력한 영향을 미친다. 특히 목소리의 높낮이, 말의 속도와 톤, 화법 등은 메시지를 실어 나르는 매개체로서 중요한 역할을 한다.

리더가 자신의 감정을 조절하며, 전달하고자 하는 내용을 진정성 있게 풀어내는 태도는 매우 중요하다. 구성원의 집중 여부에 따라 말을 빠르게 하거나 천천히 하며, 핵심을 강조하거나 "왜 이 일이 중요한가"에 대해 충분히 설명하는 방식은 메시지의 무게를 더해준다. 이러한 영역은 'Vocal'로 분류되며, 단순한 언어보다 약 38% 높은 전달력을 지닌다고 알려져 있다.

여기에 더해 표정이나 손짓, 제스처, 확신에 찬 태도 등 리더의 자신감이 드러날 경우 더욱 강력한 전달력이 확보된다. 우리는 흔히 강연장에서 스타 강사들의 시선처리, 손짓, 얼굴 표정에서 이러한 전달력을 느끼게 된다. 이러한 시각적 요소는 'Visual'로 분류되며, 약 55%의 전달력을 차지한다고 한다. 결국 말보다 중요한 것은 말하는 방식이고, 리더가 얼마나 열정적으로 이야기하는가가 핵심이다.

이처럼 언어적 경로 외의 비언어적 전달 방식이 소통의 효과를 결정짓는 중요한 요소라는 점에서, 리더는 단지 문서 하나를 던져주고 결과를 바라는 헛된 기대에서 벗어나야 한다. 설명 없는 지시나 전달은 리더십의 빈 공간만을 더 크게 만들 뿐이다. 무엇을 말하느냐보다, 어떻게 말하느냐가 훨씬 더 중요하다.

변화 관리, 성과 창출, 조직 관리 등의 목표를 달성하기 위해서도 리더는 반드시 열정적인 소통을 실천해야 한다. 물론 차분하고 이성적인 소통도 필요하지만, 궁극적으로 사람의 마음과 행동을 변화시키는 일에는 리더의 열정과 진정성이 핵심이 된다. 공동체가 하나의 방향으로 나아가기 위해서는 말로만 하는 변화가 아니라, 행동으로 이어지는 소통이 필요하며, 리더 스스로 그 변화의 출발점이 되어야 한다.

리더의 언어는 달라야 한다

말의 중요성은 그 말이 곧 그 사람의 생각을 드러내고, 인격까지 보여주기에 그 무게를 알아야 한다. 말 한마디에 천 냥 빚도 갚고, 말 한마디에 나락으로 떨어지는 경우도 있지 않은가. 우리를 웃기기도 하고 울리기도 하는 것이 결국 말 한마디의 힘이다.

이렇듯 말의 힘은 위대한 것이다. 그렇기에 우리의 말을 조금 더 소중하게 표현하는 것이 마땅하다. 한 마디 말이 들어맞지 않으면 천 마디의 말을 더해도 소용없다는 말처럼, 말에는 중심이 되는 무게가 필요하다. 채근담에서도 "한 마디 말을 삼가라"는 조언이 있는데, 이는 평범한 일상에서 내뱉는 말에도 올바른 삶의 방향과 판단력이 필요함을 뜻한다.

특히 직장생활에서의 말은 때로는 칼이 되고 활이 되어 서로의 감정을 베고 상처를 내기도 한다. 왜 우리는 말로 서로에게 상처를 주고받게 되는 걸까. 그것은 말이 의사소통의 가장 기본적인 도구인 동시에 감정이 담기기 때문이다. 우리는 종종 말 속에서 사실과 감정을 분리하지 못한 채 혼재시켜 사용한다.

예를 들어, "오늘도 날씨가 좋다"는 표현은 감정이 반영된 주관적 언어다. 어떤 사람에게는 흐린 날씨가 좋을 수 있고, 또 어떤 사람에게는 맑은 날씨가 기분을 좋게 할 수 있다. 반면, "나는 매일 6시에 퇴근한다"는 문장은 감정이 개입되지 않은 사실이며 객관적인 명제다. 말에 감정이 들어가고, 그것이 듣는 사람과 일치하지 않을 때 우리는 불편함을 느끼게 된다.

그래서 리더들은 중립적인 언어 사용에 대해 고민해 볼 필요가 있다. 가능한 감정을 배제하고 사실에 집중하되, 신뢰와 존중을 담아 지지적인 의사소통을 실천하는 것이 경청의 시작이 된다. 중립 언어는 상대방의 말을 섣불리 해석하거나 판단하지 않으며, 상대방의 경험과 지식, 언어에 초점을 맞춘 대화 방식이다. 무심코 던진 말 한마디가 상대에게 상처를 줄 수 있는 만큼, 리더의 언어는 더욱 신중해야 한다. 중립 언어로 바꾸는 습관은 리더십의 품격을 높인다.

예를 들어, "오지랖이 넓군"이라는 표현을 지지적으로 바꾼다면 "관심 분야가 참 넓구나"라는 말로 표현할 수 있다. 중요한 것은 단어 자체만이 아니라, 뉘앙스와 분위기다. 말이 아무리 점잖아도 비언어적 표현이 조롱이나 냉소로 전달된다면, '돌려까기'로 받아들여질 수 있기 때문이다.

다만 중립 언어를 과도하게 사용하거나 애매하게 표현하면, 듣는 이가 본뜻을 이해하지 못할 수 있다. 따라서 리더는 상대가 어떻게 이해했는지, 그리고 이후 어떤 감정이나 변화가 있었는지를 유심히 관찰할 필요가 있다. 소통은 말한 뒤에 끝나는 것이 아니라, 말이 어떻게 전달되었는지를 살피는 일까지 포함된다.

또 하나의 언어 습관을 예로 들어보자. 다음 두 가지 대화를 비교해 보면 말하는 방식의 차이가 얼마나 큰 영향을 미치는지를 알 수 있다. 직장에서 상사로부터 들은 말이 마음에 남아 동료에게 하소연하는 상황을 가정해 보자.

<A대화>
OOO은 자꾸 왜 그러는 거야?
OOO이 얘기할 때마다 짜증이 나

<B대화>
나 아까 OOO님이 얘기하실 때 상처 받았어

듣는 입장에서는 B의 표현이 훨씬 덜 부담스럽게 느껴질 것이다.
문법적으로 보면, A는 상대방인 OOO가 주어가 되고 B는 '나'가 주어가 된다. A는 내 감정보다는 상대방을 비난하는 데 초점이 맞춰져 있고, B는 내가 느낀 감정을 담담히 전달하는 방식이다. 이럴 때 유용한 리더의 화법이 바로 'I-Message', 즉 나를 주어로 한 표현이다.

I-Message는 상대방을 판단하거나 비난하지 않고, 나의 감정과 생각을 솔직하게 표현하는 방식이다. 나의 입장에서 말하는 습관은

듣는 사람에게도 부담을 덜어주고, 대화의 긴장을 낮추는 효과가 있다. '나'로 시작하는 문장은 상황에 대한 구체적 설명과 감정, 영향을 함께 담고 있어 진정성을 전달할 수 있다.

이처럼 '나의 말'이 상대방에게 어떻게 들릴지를 생각하면서, 화법을 점검해 보는 것은 리더로서의 필수적인 태도다. 말 한마디로 상처받고, 말 한마디로 위로받는 것이 직장생활의 현실이다. 그래서 우리의 언어습관을 돌아보고, 좀 더 주의 깊고 신중하게 표현한다면 모두에게 이로운 결과를 만들어낼 수 있을 것이다.

리더의 말은 곧 그 사람의 인격이자 실력이라는 점을 잊지 말자. "가는 말이 고와야 오는 말이 곱다"는 속담처럼, 말 한마디가 서로 힘든 일상 속에서 큰 위로와 격려가 될 수 있다. 고대 그리스의 소포클레스는 "말을 많이 한다는 것과 말을 잘한다는 것은 전혀 다른 문제"라고 말했는데, 이 말에 고개가 끄덕여지는 이유다. 말은 가볍지만, 그 의미는 무거운 법이다.

리더의
소프트 스킬

감정을 배제한 I-Message처럼, 리더들은 소프트 스킬을 적극적으로 활용해야 한다. 누구나 그렇겠지만, 구성원들에게 자신의 리더에 대해 묻는다면 '전적으로 신뢰하고 지지하며 본인과 원활한 관계'라고 답하는 비율은 극히 낮을 것이다. 그만큼 리더와 구성원 간의 정서적 거리감은 조직 내 보편적인 과제다.

  그럼에도 불구하고 다양성에 대한 사회적 인식이 그 어느 때보다 커진 지금, 리더와 구성원 간의 정서적 교류가 가능하도록 하는 리더십의 역할은 더욱 중요해졌다. 인간적인 리더의 양성과 관계 강화는 조직 차원에서 반드시 다뤄야 할 아젠다다. 조직은 진실되게 교류하고 공감할 수 있는 리더를 원하고 있으며, 이에 따라 리더는 진정성 있는 소통을 위해 소프트 스킬을 익혀야 한다.

  소통에도 스킬이 있다. 일반적으로 소통은 소프트 스킬과 하드 스킬로 나뉘는데, 소프트 스킬은 조직 내에서 협업, 팀워크, 리더십 등을 활성화할 수 있는 능력이다. 이는 단순한 기술을 넘어 개인의 태도와 습관을 포함하는 포괄적인 능력이며, 사람들과 효과적으로 일하는 데 핵심적이다. 반면, 하드 스킬은 전문적인 지식, 기술, 학력 등 이른바 스펙에 해당하는 영역으로 상대적으로 드러나기 쉽고 학습을 통해 개발 가능하다.

  한국직업능력연구원의 최근 발표*에 따르면, 실제 업무에서 소프트 스킬이 차지하는 비중은 65%에 이르는 반면, 개인이 이를 얼마나 중요하게 여기는지에 대한 인식은 여전히 낮은 것으로 나타났다. 또 다른 연구에서는 하드 스킬은 표면에 드러난 영역으로 개발이 용이하지만, 소프트 스킬은 내면의 영역이기에 개인차가 크고 개발이 어렵다고 보기도 한다. 그러나 무엇보다 중요한 것은, 소프

---

* 한국직업능력연구원. (2024). 재직자들의 소프트스킬에 대한 인식과 교육훈련 경험 분석 [KRIVET Issue Brief No. 281]

트 스킬을 통해 구성원과 신뢰를 형성하고 긍정적인 인간관계를 유지하는 것이 리더십의 핵심이라는 점이다.

신뢰는 리더십의 본질적인 요소다. 신뢰가 깨지면 단지 인간적인 관계의 문제로 끝나지 않고, 조직의 업무 성과와 성취에도 치명적인 영향을 끼치게 된다. 직장생활의 경험이 있는 사람이라면, 신뢰 없는 리더십이 아무런 힘을 발휘하지 못한다는 사실에 쉽게 공감할 수 있을 것이다.

신뢰 형성을 위해 리더는 진정성 있는 태도, 구성원에 대한 인정과 존중, 그리고 업무적인 역량을 함께 갖추어야 한다. 구성원들은 리더의 말과 행동을 통해 각자의 성향에 따라 신뢰의 정도를 정하게 되며, 이러한 신뢰는 결국 조직 전체의 신뢰 수준으로 확장된다. 이 신뢰 수준은 곧 조직의 실력이며, 정보 공유나 위험 감수, 생산성에까지 영향을 미치게 된다.

즉, 신뢰 기반의 관계는 단지 분위기를 좋게 만드는 데 그치지 않고, 조직의 아웃풋과 연결되는 실질적인 역량이 된다. 조직의 실력이 높아질수록 그 안에 속한 개인의 성과와 성장에도 직접적인 영향이 따르게 되는 것이다. 이런 점에서 신뢰를 위한 리더의 소프트 스킬은 개인과 조직 모두에게 결정적이다.

이와 관련해, 나의 신입사원 시절 경험한 인상 깊은 사례가 있다. 당시 회식 자리에서 연차가 높은 리더와 비교적 연차가 적은 직원이 꽤 오랫동안 대화를 이어갔다. 그 상황 자체가 당시 조직문화에서는 드문 일이었고, 나 역시 그 모습을 유심히 바라봤던 기억이 있다.

  그 직원은 조직 내에서 에이스로 불릴 만큼 실력과 자신감이 넘치는 친구였다. 나중에 그에게 무슨 얘기를 했는지 물어보니, "먼저 나를 인정해 달라고 했고, 나를 인정하지 않으면 나도 팀장님을 존중하기 어려울 것이다"고 말했단다. 당시에는 꽤 충격적이었다. 리더와의 관계에서 '나를 먼저 인정해 달라'고 요구하는 것은 내게는 낯선 접근 방식이었기 때문이다.

  무엇보다 '인정은 받는 것이 아니라 요구하는 것'이라는 태도는 당시 신입사원이었던 내게는 매우 당돌하게 느껴졌다. 하지만 시간이 흐른 지금 돌이켜 보면, 이는 관계 형성에 있어서 매우 솔직하고 실질적인 표현 방식이기도 했다. 상대방의 존중을 기대한다면, 나 역시 먼저 존중을 실천하는 것이 기본이라는 생각이 들었다.

  신뢰를 형성하기 위해서는 리더가 인정과 존중을 실천해야 하는 것이 맞지만, 그것이 리더만의 책임은 아니다. 리더든 팔로워든, 존중을 바란다면 먼저 존중을 실천하고 인정을 원한다면 먼저 인정을 표하는 자세가 필요하다. 신뢰는 '역할'이 아니라 '태도'로부터 시작되는 것이기 때문이다.

  그런 의미에서 소프트 스킬은 매우 강력한 무기이자, 다른 사람이 쉽게 모방할 수 없는 경쟁력이 될 수 있다. 눈에 잘 띄지 않지만, 조직을 움직이고 사람을 변화시키는 힘은 결국 관계에서 나오고, 그 관계의 질은 리더의 소프트 스킬에서 비롯된다는 점을 잊지 말아야 한다.

사람에 대한 이해와 다양성에서 코칭은 시작된다

요즘은 MBTI를 모르는 사람이 없을 정도로 많은 이들이 자신과 타인의 성향을 MBTI를 통해 해석하고 이해하려 한다. 이를 바탕으로 팀워크나 다양성에 대한 교육적 접목을 시도하는 조직도 많아지고 있다. 하나의 조직이나 팀에는 유사한 유형보다 서로 다른 사람들이 모여 있는 것이 일반적이며, 각기 다른 능력 수준이나 책임감, 의지와 열정의 차이를 보여주는 것도 자연스러운 일이다.

새롭게 조직에 들어온 구성원에게는 코칭이나 트레이닝을 통해 역량을 키우고 조직에 적응하도록 돕는 것이 일반적인 절차다. 사람이나 상황에 맞게 효과적으로 지도하고 처방하는 것이야말로 리더의 중요한 역할이며, 따라서 이런 차이를 세밀하게 파악해두는 것이 필요하다. 신입사원이거나, 혹은 새로운 보직을 맡은 경우라면 처음부터 탁월한 성과를 내는 것이 어렵기 마련이다. 특히 익숙하지 않은 일에서 좋은 결과를 내기 위해서는 단순한 동기부여만으로는 한계가 있을 수 있다.

이럴 때 리더는 의도적이고 체계적으로 지식을 전달하는 트레이너의 역할을 수행해야 한다. 구성원의 역량 수준에 따라 적절한 소통 전략이 필요하며, 특히 역량이 낮은 경우에는 더욱 신중한 접근이 요구된다. '알아서 잘 하겠지'라는 생각은 금물이며, 도움을 요청하지 못하는 구성원에게는 먼저 다가가 관심을 보이는 것이 바람직하다.

이러한 경우에는 세부적인 업무 내용까지도 구체적으로 알려주어야 한다. 필요한 경우에는 직접 시범을 보이고, 구성원이 따라 해보는 과정을 지켜보며, 시작부터 끝까지 자주 피드백을 제공하는 것이 효과적이다. 메시지를 전달할 때에도 업무적인 내용에만 집중하여 단순하고 명확하게 설명하는 것이 더 낫다.

역량 수준이 보통인 구성원에게는 스스로 효과적이고 효율적으로 업무를 수행할 수 있도록 방향을 제시해주는 것이 중요하다. 기대하는 바를 분명히 전달하되, 업무 수행 방식은 제한된 범위 내에서 자율적으로 제안하도록 유도하는 방식이 효과적이다. 피드백은 너무 잦으면 간섭처럼 느껴지고, 너무 드물면 업무 진행 상황을 파악하기 어렵기 때문에, 사전에 합의한 주기에 따라 진행하는 것이 바람직하다.

역량 수준이 높은 구성원에게는 잦은 피드백이나 소통이 오히려 간섭처럼 느껴질 수 있다. 이때는 구성원을 업무에 참여시키고, 방향에 대한 논의를 함께 하며, 필요한 경우 도움을 줄 수 있다는 메시지를 전하는 것이 효과적이다. 자율적으로 업무를 추진할 수 있는 환경을 조성하고, 그들의 의견을 경청하는 방식이 보다 적합하다.

한편, 업무적 역량과 별개로 모든 구성원이 동일한 열정과 책임감을 갖고 있는 것은 아니다. 따라서 리더는 구성원의 내적 동기 상태를 살펴보고, 자발성과 자신감을 이끌어내기 위한 코치의 역할을 수행할 필요가 있다. 특히 트레이닝을 통해 역량이 성장한 구성원에 대해서는 반드시 코칭이 병행되어야 한다.

의지나 열정이 낮은 경우에는 업무의 의미와 배경부터 상세하게 설명하는 것이 필요하다. 자신이 수행하는 일이 왜 필요한지, 왜 중요한지에 대한 의미를 충분히 전달해 주어야 한다. 구성원의 현재 의욕이나 자신감 수준을 질문을 통해 파악하고, 이들을 대화에 적극적으로 참여시키는 동시에 진심으로 경청하는 자세가 요구된다.

의지나 열정이 보통인 구성원에게는 업무의 목적과 배경에 대해 궁금한 점이 있는지 물어보는 식의 소통이 효과적이다. 이와 함께 도움이나 지원이 필요한 항목에 대해 물어보고, 일정한 주기로 격려를 하는 것이 긍정적인 동기를 부여할 수 있다.

전체적으로 보면 이 원리는 복잡하지 않다. 하나의 리더십 스타일을 고수하기보다는 상황과 대상에 따라 적설하게 커뮤니케이션 방식을 조절하는 것이 효과적인 리더십이다. 이러한 유연한 리더십을 발휘하려면 무엇보다 구성원의 현재 상황과 상태를 정확히 파악하는 역량이 선행되어야 한다.

결국 리더는 구성원의 상태를 세심히 읽어낼 수 있는, 이른바 'Read하는 Leader'가 되어야 하지 않겠는가.

나는 어떤 유형의 Follower인가?

이렇게 대상이나 상황에 따라서 리더십이 달라져야 한다면, 구성원의 입장에서 나는 어떠한 사람인지 살펴볼 필요도 있을 것이다. 좋은 리더십을 발휘하기 위해서는 나 자신을 먼저 이해해야 하며, 나의 말을 잘 전달하기 위해서는 경청이 필요한 것처럼, 팔로워십에 대한 이해도 필수적이다. 리더십만을 지나치게 강조하다 보면 정작 대상인 팔로워에 대한 이해가 부족해지기 쉽다. 따라서 자신의 리더십뿐 아니라 팔로워십도 함께 이해해야 구성원의 역량과 상황을 충분히 파악하며 더 나은 리더십을 발휘할 수 있게 된다.

C레벨의 경영자들조차도 최종 의사결정권자가 따로 존재하듯, 대부분의 리더들은 자신이 맡은 일에서는 리더 역할을 수행하지만, 동시에 조직 내에서는 팔로워로서의 역할도 병행하게 된다. 특히

중간관리자급 리더들은 경영진의 방향을 구성원들과 공유하고, 반대로 구성원의 의견을 경영진에게 전달하는 '가교'의 역할을 수행한다. 이로 인해 리더를 'Linker'라고 부르기도 한다.

결국 리더도 한편으로는 팔로워이며, 팔로워 또한 리더의 방향이나 스타일에 맞추어 유연하게 대응할 수 있어야 한다. 리더십 유형을 고민하는 것 못지않게, 팔로워로서의 자신의 일하는 방식이나 스타일을 진단해 보는 것도 매우 중요하다. 업무 능력이나 성격과는 별개로, 의견을 얼마나 적극적으로 개진하는지, 리더의 방향에 얼마나 수용적인지를 기준으로 자신의 팔로워 유형을 가늠해볼 수 있다.

이러한 자기 점검이 중요한 이유는, 우리가 타인을 평가할 때 자신의 가치관이나 경험을 바탕으로 한 주관적 판단에 의존하는 경우가 많기 때문이다. 주관적인 평가는 상대방을 제대로 이해하는 데 방해가 되며, 그래서 리더십에서도 다양한 관점에서 강점과 약점을 살펴보는 '다면 평가'가 강조된다. 마찬가지로 팔로워의 입장에서도 자신이 어떻게 리더와 일하고 있는지를 객관적으로 살펴보는 노력이 필요하다.

'역할 수용'이란, 조직의 결정이나 리더의 지시에 대해 긍정적으로 받아들이고, 조직의 목표 달성에 기여하고자 하는 태도와 행동을 의미한다. 주어진 역할을 충실히 수행하며, 리더의 방향에 맞춰 적극적으로 움직이고 있다면 역할 수용이 높다고 평가할 수 있다. 하지만 이때 주의할 점은, 역할 수행이 곧 업무 역량을 의미하는 것은 아니라는 사실이다. 리더의 지시가 다소 부적절하더라도 이를 따르는 태도를 보일 수 있기 때문이다.

'의견 개진'은 자신의 생각이나 주장을 얼마나 자주, 얼마나 적극적으로 표현하느냐에 따라 판단된다. 이 두 축인 역할 수용과 의견 개진을 기준으로 하면, 팔로워는 '비평형', '주도형', '신중형', '순응형'의 네 가지 유형으로 나누어볼 수 있다.* 이러한 분류는 구성원의 행동 특성을 이해하고, 리더가 어떻게 개별적으로 접근할지 결정하는 데 실질적인 도움이 된다.

물론 대부분의 사람들은 어느 하나의 유형에만 해당되지 않는다. 예컨대, 리더의 방향에는 비판적이지만, 자신에게 맡겨진 역할은 누구보다 적극적으로 수행하는 이들도 있다. 따라서 자기 유형은 고정적인 것이 아니라 상황과 환경에 따라 달라질 수 있으며, 이는 MBTI 결과가 상황에 따라 달라질 수 있는 것과 유사하다.

결국 팔로워십도 이상적인 유형을 찾는 것이 아니라, 현재 나의 태도와 행동을 돌아보고, 어디서 더 발휘해야 하고 어디서 덜 발휘해야 할지를 판단하는 것이 중요하다. 이는 타인과의 협업은 물론 리더십을 발휘할 기회가 생겼을 때에도 큰 도움이 될 것이다.

조직은 살아 있는 유기체와 같다. 혼자서는 무엇 하나 이루기 어렵지만, 함께할 때 그 힘은 훨씬 강력해진다. 나 자신을 알고, 타인에 대한 이해도를 높이는 것이 곧 더 나은 관계와 성과를 만드는 지

---

* Kelley, R. E. (1988). The power of followership: How to create leaders people want to follow, and followers who lead themselves. New York: Doubleday/Currency.

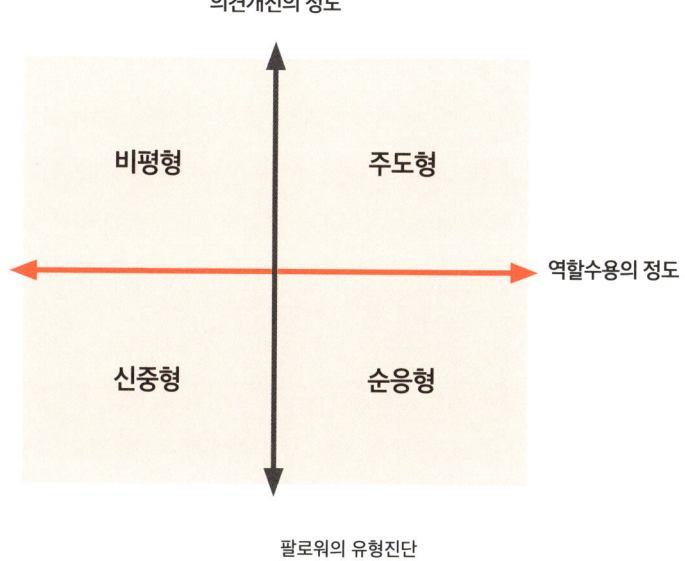

팔로워의 유형진단

름길이 될 수 있다. 그리고 그 시작은 언제나 '태도'와 '행동'임을 잊지 말아야 한다.

나는 어떤 유형의 Leader인가?

팔로워의 유형을 진단하는 것과 마찬가지로 자신의 리더십이 어떤 유형인지 살펴보는 것도 필요하다. 리더는 단순히 직책이나 직급이 있는 사람만을 의미하지 않는다. 어떤 일을 수행하는 데 있어서 한 명 이상을 리드한다면, 공식적인 직위가 없더라도 프로젝트 매니저

나 지도 선배, 멘토, 부서의 조율자 등 모두 리더라 할 수 있으며, 그런 점에서 리더십과 팔로워십은 거울과도 같은 관계다.

'한 명 이상'이라는 조건에서 보더라도, 결국 자신의 삶에서는 누구나 자신을 리더라 볼 수 있다. 따라서 리더십을 단지 하나의 이론이나 직장 내 생존 스킬로만 보는 것은 한계가 있으며, 각자의 삶에도 적용해볼 만한 개념이다. 구성원의 유형이나 상황에 맞는 리더십도 중요하지만, 자신의 리더십 스타일을 고민하고, 자기 이해를 통해 나아가고자 하는 방향을 설정하는 것이 더욱 중요하다.

리더십을 행사하는 데 있어 중요한 것은 구성원의 상황과 니즈를 반영해 영향력을 발휘하는 일이다. 이러한 관점은 산업 및 조직 심리학 분야의 권위자인 피들러Fiedler가 제시한 '상황이론'에서도 확인할 수 있다.*

피들러는 리더십 스타일을 과업 지향Task-Oriented과 관계 지향People-Oriented으로 구분하였다. 과업 지향적 리더십은 리더와 구성원의 관계가 매우 좋거나 나쁠 때, 그리고 업무 체계가 잘 정비되었거나 혼란스러울 때 효과적이며, 관계 지향적 리더십은 관계가 무난하고 업무 체계가 중간 수준일 때 효과적이라고 한다.

한 대기업에서 임원들을 대상으로 자신의 리더십 스타일을 점검해 본 결과, 80% 이상이 과업 지향적인 리더십 스타일을 가진 것으로 나타났다. 그러나 시간이 흐를수록 이들 중 다수는 관계 지향적으로 이동하는 경향을 보였다고 한다. 이는 상황에 따라 리더십 스

---

* Fiedler, F. E. (1967). A Theory of Leadership Effectiveness. New York: McGraw-Hill

타일을 조정해야 효과적이라는 것을 보여준다. 특히 최근의 경영 환경에서는 관계 중심의 리더십이 더욱 중요해졌다는 점도 주목할 만하다.

리더십을 의사결정 방식으로 분류한 연구도 있다.* 미국 심리학자 리피트Lippitt와 화이트White의 연구에 따르면, 리더십은 권위적, 민주적, 자유방임적으로 구분된다. 권위적 리더십은 리더가 모든 방향과 결정을 스스로 하고, 구성원은 그 지시에 따르는 방식이다. 반면 자유방임적 리더십은 구성원들에게 전적인 자율권을 주고 리더는 개입하지 않는 형태다. 민주적 리더십은 이 두 가지의 중간 형태로, 구성원이 의사결정에 참여하고 리더는 그 과정을 코칭하며 함께 결론을 도출해 나가는 방식이다.

또한, 구성원의 특성과 업무 상황에 따른 리더십을 구분한 이론도 있다.**

심리학자 로버트 하우스Robert House는 리더가 상황과 구성원의 특성에 따라 4가지 리더십 스타일을 선택해 발휘해야 한다고 주장했다. 지시적Directive 리더십은 소극적이거나 복잡한 업무를 맡은 구성원에게 적합하며, 지원적Supportive 리더십은 역량이 높고 인정 욕구가 큰 구성원에게 효과적이다. 참여적Participative 리더십은 업무 환경이 불안정하거나 구성원이 적극적인 경우 유용하고, 성취 지향

---

* Lewin, K., Lippitt, R., & White, R. K. (1939). Patterns of aggressive behavior in experimentally created social climates. Journal of Social Psychology, 10(2), 271 - 301.
** House, R. J. (1971). A path-goal theory of leader effectiveness. Administrative Science Quarterly, 16(3), 321-339.

적Achievement-Oriented 리더십은 높은 역량과 강한 의지를 가진 구성원에게 적합하다.

리더십 이론은 매우 다양하지만 핵심은 하나다. 상황과 대상에 따라 리더십 스타일을 조정하는 것이 효과적이라는 점이다. 획일적인 구성원만을 만나거나 반복되는 업무를 하는 것이 아닌 이상, 리더는 변화하는 상황과 다양한 특성을 가진 사람들과 함께하게 된다. 그렇기에 리더십의 스타일과 유형을 이해하고 적절하게 적용하는 것이 더욱 중요하다.

결국 자신이 어떤 스타일의 리더인지 점검하고, 부족한 부분은 보완하고 넘치는 부분은 절제함으로써 타인에게 긍정적 영향력을 미치는 것이 리더십의 본질이다. 그런 의미에서 '너 자신을 알라'는 고대의 경구는 오늘날의 리더십에도 그대로 통용된다고 할 수 있다.

코칭과 트레이닝

우리가 하나의 리더십으로 구성원들을 육성하거나 변화 관리에 어려움을 느끼는 이유는, 바로 구성원들의 다양성에 있다. 이러한 다양성에는 구성원의 욕구나 니즈, 성향에서 오는 차이는 물론이고, 구성원의 성장·발전 측면에서 각자의 역량 수준이나 마인드셋이 다르기 때문이다. 각자의 취향이나 성향이 다른 것처럼, 일을 수행하는 데 있어서 경험이 많거나 적은 경우, 혹은 역량 수준이 높거나 낮은 경우 모두 동일한 리더십만으로 육성하는 것은 무리가 따른다.

이러한 현실 때문에 상황별 리더십에 대한 이해와 적용의 필요성이 더욱 부각된다. 앞서 반복적으로 강조한 바와 같이, 상황별 리더십이란 구성원의 성장 단계에 따라 리더십 스타일을 조정해야 함을 의미한다. 동시에 구성원의 현재 상황에 맞추어 코칭 또는 트레이닝을 적절히 제공할 필요성도 강조된다. 일의 준비가 되지 않은 상황이나 성장 단계가 매우 낮은 상태에서 무작정 코칭만을 시도하거나 동기부여만을 강조한다면 오히려 성장은 더디게 된다.

이는 마치 목이 마른 사람에게 물 대신 고구마를 주는 격이다. 요즘 직장에서는 '챌린지'라는 표현을 자주 사용한다. 더 도전적이고 상호 발전적이며 공동의 목표 달성을 위해 대안을 제시하고 다양한 관점을 존중한다는 의미지만, 실제로는 비판이나 비난에 그치는 경우가 많다. 마찬가지로, '코칭'이라는 표현은 세련된 리더십 행위처럼 보이지만, 실상은 전통적인 '트레이닝'을 포장하는 데 쓰이는 경우도 종종 있다.

구성원 육성을 위한 코칭과 트레이닝은 개념적으로 분명한 차이를 가진다. 동시에, 트레이닝 이후에 코칭을 연계함으로써 기대할 수 있는 효과는 구성원의 역량을 한 단계 더 끌어올릴 수 있다는 점에서 중요하다. 일반적으로 트레이닝은 구성원에게 필요한 새로운 지식이나 업무적 스킬, 능력을 체계적이고 의도적으로 가르치고 반복적으로 연습시키는 것을 의미한다. 반면, 코칭은 보다 개인적인 조언과 격려를 통해 구성원이 사발적이고 자신감 있게 업무를 수행하도록 돕는 과정이다.

예를 들어, 피트니스 센터에서 근력운동을 반복함으로써 미세한 근육의 수축과 팽창이 이루어지고, 이후 회복과정을 통해 근육이 강화되듯이 트레이닝은 반복을 통해 업무적 역량을 단단히 구축하는 방식이다. 코칭은 반복적인 훈련보다는 성장 방향을 알려주고 동기를 부여함으로써 자율성과 책임감을 높이는 과정에 가깝다. 따

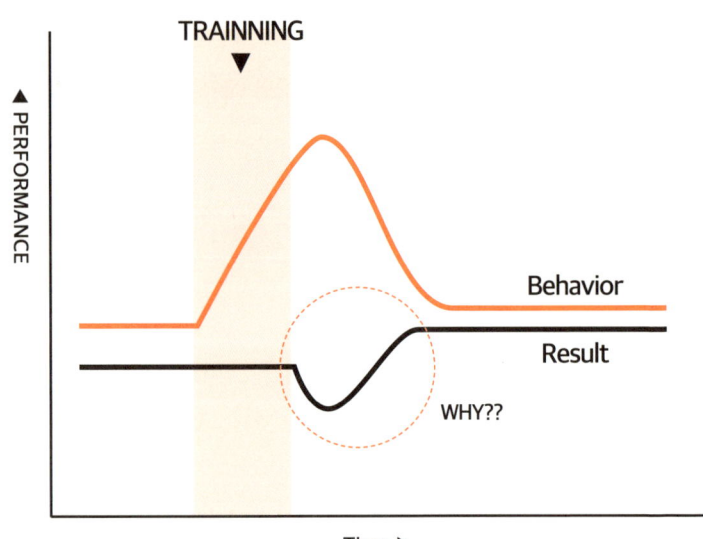

트레이닝과 성과의 관계

라서 구성원의 성장을 위해서는 트레이닝과 코칭이 상호 보완적으로 이루어져야 하며, 어느 하나만으로는 충분하지 않다.

트레이닝과 코칭은 모두 후배 육성에 필요한 전략이지만, 구성원의 현재 수준이나 상황에 따라 그 활용 방식은 달라져야 한다. 시간이 경과함에 따라 구성원의 행동 변화와 업무 수행 결과가 달라진다는 점에 주목할 필요가 있다. 예를 들어, 특정 시점에서 트레이닝을 제공하면 구성원의 행동 변화는 급격히 증가하는 반면, 업무 성과는 초기에는 일시적으로 저하되었다가 시간이 흐른 후에 점차 회복되고, 결국 트레이닝 이전보다 더 높은 수준으로 향상되는 양상을 보이기도 한다.*

또한 트레이닝 후에, 다시 구성원의 코칭이 이루어졌을 때 행동 변화와 그것을 통한 업무적 수행 결과가 꾸준히 증가하는 것을 보여준다. 한 연구에 따르면 트레이닝만으로는 생산성이 22% 증가했지만, 트레이닝 후에 코칭을 병행하면 생산성이 88%까지 증가할 수 있다고 한다.** 따라서 구성원의 성장 단계에 맞춰서 트레이닝과 코칭을 적절히 활용하는 것이 리더의 중요한 역할이고, 상황별 리더십에 부합하는 효과적인 방법이다.

그런데 이 연구에서 업무적 수행 결과가 트레이닝 시점에서 단기적으로 하락하는 이유는 무엇일까. 우리가 하지 않던 일을 처음 해

---

* Martins, L. B., Zerbini, T., & Medina, F. J. (2019). The impact of online training on behavioral transfer and job performance. Journal of Work and Organizational Psychology, 35(1), 1 - 10.

** Olivero, G., Bane, K. D., & Kopelman, R. E. (1997). Executive coaching as a transfer of training tool: Effects on productivity in a public agency. Public Personnel Management, 26(4), 461 - 469.

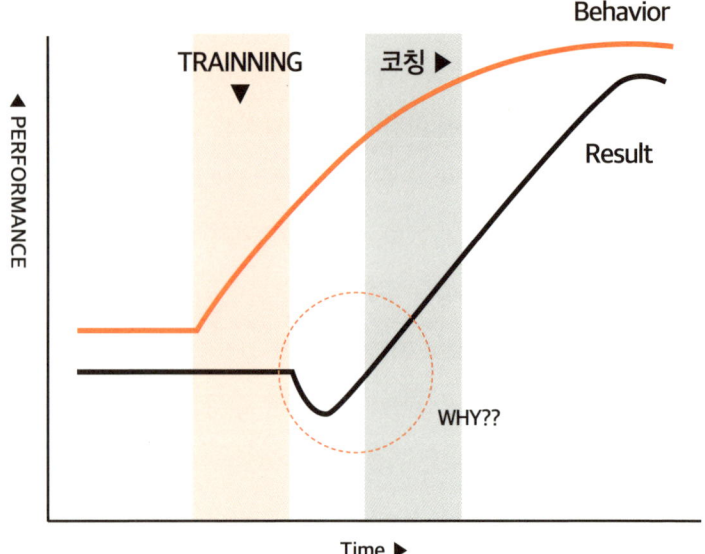

트레이닝 후 코칭과 성과의 관계

보았던 순간을 떠올려 보면 쉽게 이해할 수 있다. 변화와 적응이 필요한 시기에는 누구나 시행착오를 겪게 되며, 일시적인 효율 저하가 나타나기 마련이다. 이는 낯설고 새로운 업무 방식에 대한 심리적·기술적 부담이 존재하기 때문이다.

즉, 구성원이 새로운 지식이나 업무 스킬을 학습하는 과정에서 익숙하지 않음으로 인한 혼란, 판단의 지연, 자신감의 저하 등 다양한 어려움을 경험하게 되는 것이다. 이러한 시기는 고통스럽지만, 변화와 성장을 위한 통과의례와 같다. 일정 시간이 지나고 학습 내용이 내재화되면 업무 효율성과 성과는 회복될 뿐 아니라 이전보다 향상되는 결과로 이어진다.

직장생활에서 회사의 방향성과 철학을 충분히 이해하고, 맡은 일에 대한 전문성을 갖추며, 리더십을 개발하는 것은 누구에게나 성장의 기본 요소라 할 수 있다. 리더가 되기 위해서는 이미 업무에 대한 숙련도나 조직의 전략 방향에 대한 이해는 어느 정도 갖추었을 것이다. 그러나 리더십은 단순한 스킬이나 도구가 아니라, 자신의 내면을 성찰하고 태도를 가다듬는 과정이자 삶의 자세라고 할 수 있다.

따라서 리더십의 차이는 기술적 역량이 아니라 태도에서 시작된다. 결국 진정한 리더는 단순히 지시하고 관리하는 사람이 아니라, 변화의 어려움을 함께 이해하고 인내하며 이끄는 사람이어야 한다. 그런 의미에서 리더십은 타인을 다루는 기술이 아닌, 자기 자신을 돌아보는 태도의 힘이다.

구성원에 대한 이해와 처방

얼마 전 축구 국가대표팀에서 벌어진 선수 간 갈등과 경기력 논란은 많은 사람들에게 실망을 안겨주었다. 몇몇 젊은 선수들과 기존 대표팀 간의 마찰, 그리고 팬들의 기대에 미치지 못한 경기 결과는 논란을 더욱 키웠고, 결국 사과와 반성, 화해의 과정을 거쳐 상황이 일단락되었다. 하지만 그 누구도 이 사태를 가볍게 넘기지는 못했을 것이다. 많은 이들이 '내가 감독이었다면 어떤 선수를 뽑았을까' 하는 상상을 해보았을지도 모른다.

그렇다면 우리가 국가대표 감독의 입장에 섰다고 가정해 보자. 다음과 같은 네 유형의 선수가 있을 때, 누구를 먼저 기용할 것인지 생각해 볼 필요가 있다.

A: 개인기나 실력은 출중하지만, 팀워크나 승리에 대한 의지는 부족한 선수
B: 개인기나 실력도 출중하고, 팀워크나 승리에 대한 의지도 강한 선수
C: 개인기나 실력은 조금 미흡하지만, 팀워크나 승리에 대한 의지가 강한 선수
D: 개인기나 실력이 조금 미흡하고, 팀워크나 승리에 대한 의지도 부족한 선수

B선수는 말할 것도 없이 누구나 기용하고 싶어 하는 선수일 것이다. 선발 라인업은 물론, 경기를 바꾸는 조커로도 활용 가능한 전천후 자원이다. D선수는 팀에 어울리지 않으며, 경기 출전 기회는 거의 없을 가능성이 높다.

그렇다면 고민은 A와 C선수 중 누구를 선택하느냐에 있다. 축구처럼 팀워크가 중요한 스포츠에서는 실력보다 팀을 위해 헌신하고

기여하는 자세가 더 중요하게 작용할 수 있다. A선수는 기량은 출중하지만 중요한 경기에서는 신뢰하기 어려운 반면, C선수는 실력이 부족하더라도 팀의 균형을 맞추는 역할로 기용될 여지가 많다.

이처럼 팀보다 위대한 선수는 없다는 말처럼, 구성원의 성장 단계나 태도에 따라 리더십의 방식도 달라져야 한다는 사실을 알 수 있다. 리더는 구성원을 하나의 기준으로만 판단하지 않고 각자의 위치, 상황, 성장 가능성을 고려해 적절한 리더십을 발휘해야 한다. 팀의 완성도는 단순히 스타 플레이어의 집합이 아니라, 조화를 이루는 관계 속에서 높아지는 것이다.

따라서 구성원의 상태를 역량과 의지라는 두 가지 축으로 분류했을 때, 각 유형마다 다른 개발 전략이 필요하다. 특히 역량보다 의지가 더 중요하게 작용하는 경우가 많기 때문에, 리더는 구성원의 마인드셋에 깊이 관심을 가져야 한다. 하고자 하는 마음이 있는 사람은 결국 변화를 만들어 내기 마련이다.

에이스형 구성원이라 불리는, 역량과 의지가 모두 높은 인재는 사실상 트레이닝이나 코칭이 불필요할 수 있다. 오히려 이들은 리더의 지나친 개입을 간섭으로 받아들일 수 있으며, 스스로 일하는 방식을 선호하는 경우가 많다. 이럴 때는 세세한 간섭보다는 간헐적인 체크인과 지원이 더 효과적이다. 필요할 때 도움을 주고, 장애물이 있을 때 모티베이션을 해주는 정도면 충분하다.

좋은 리더는 다양성을 보는 눈과 포용성을 가진 마음으로 구성원을 살펴볼 수 있어야 한다. 관찰하고, 배려하고, 진심 어린 관심을 바탕으로 한 육성이야말로 리더의 가장 중요한 역할이다. 사람을 움직이는 코칭은 때로 '코가 찡할' 정도로 감동이 있어야 변화가 가능하다. 흔히 "사람이 쉽게 변하냐"는 질문에 우리는 이렇게 답할 수 있을 것이다.

"그래서 리더는 그렇게 어려운 일을 하는 멋진 역할이야"

삼척동자와 삼요세대

조직은 다양한 사람들이 하나의 목표를 갖고 모인 유기체라 할 수 있다. 다양한 사람들이 모이다 보니, 생각도 각기 다르고 그만큼 여러 문제가 생기는 것 역시 당연한 일이다. 그러다 보니 구성원들의 다양성으로 인해 사람들과의 관계에 에너지가 많이 소모되는 것도 사실이다.

이런 사람들 중에는 이른바 '삼척동자' 유형이 있다. 이들과의 커뮤니케이션에 사전 준비가 되어 있지 않다면, 감정적인 갈등으로 촉발될 가능성이 높아진다. 삼척동자란 본래는 세상 물정을 모르는 어린아이를 뜻하지만, 여기서는 '있는 척, 아는 척, 잘난 척'하는 사람들을 지칭한다.

공자 역시 "아는 것을 안다고 하고, 모르는 것을 모른다고 하는 것, 그것이 아는 것이다"라고 했다. 그러나 삼척동자는 자신의 평판을 유지하고 싶어하며, 전지적 작가 시점을 고수하는 경향이 있다. "~척"이라는 접미어는 사실보다 과장되거나 왜곡된 상태를 의미한다.

'있는 척'은 돈이나 지위, 가치를 아무렇지 않은 듯 표현하며 허세를 부리는 유형이다. 이들은 흔히 상대방의 의지를 꺾는 방식으로 커뮤니케이션을 한다. '아는 척'은 단편적인 지식을 바탕으로 마치 모든 것을 아는 것처럼 말하며, 자주 타인의 일에 참견하게 된다. '잘난 척'은 자아가 높은 사람처럼 보이지만, 실은 자존감이 낮고 외부의 인정 욕구가 강한 경우가 많다.

인간관계나 조직 안에서 이런 삼척동자는 매우 위험하다. 외형적으로는 유능해 보이지만 실제로는 조직의 일에 혼선을 주고 흐름을 방해할 수 있다. 이런 사람들은 자기효능감은 크지만, 실력이 부족해 책임을 회피하거나 타인에게 전가하는 경우가 많다. 또한 상황을 단정짓고, 섣부른 판단으로 주변에 부정적인 영향을 미치기도 한다.

그렇다면 리더는 삼척동자를 어떻게 다루어야 할까? 그들의 대부분은 자신감이 부족하며, 인정받고 싶고 영향력을 발휘하고 싶은 욕구가 크다. 흔히 고정형 사고방식을 가진 이들이며, 노력보다는 우월함의 확인에 집착하는 성향이 있다.

따라서 이들과의 소통에는 전략이 필요하다. 첫째, 1:1 상황을 통해 과정 중심의 피드백을 제공하는 것이 바람직하다. 알고 있는 것을 반박하기보다 새로운 정보를 제공하고, 결과보다 과정에 집중할 수 있도록 한다. 둘째, 그들의 의도를 파악해 보는 것도 중요하다. 주도적인 역할을 원했는지, 자기계발의 기회를 바라는지, 평가에 대한 불신이 있는지를 이해해야 한다. 셋째, 새로운 교육 기회를 통해 부족한 점을 인식할 수 있도록 돕는 것도 한 방법이다. 이때 피드백은 냉소적으로 하지 말고, 기대감을 바탕으로 건설적으로 접근해야 한다. 넷째, 명확한 목표 설정과 정량적 과업 관리를 통해 현재 위치와 성과를 명확히 인식하게 도와야 한다. 삼척동자는 주로 이유와 장애만을 설명하므로, 이를 극복할 수 있는 논리적 기반을 함께 제시해야 한다.

실제 사례로, 과거에 함께 일했던 팀장 A는 특정 지역 전문가로 알려져 있었지만, 그 전문성은 검증되지 않았다. 회의에서는 전략적으로 보이는 이야기를 했지만, 정작 실행은 없었고 결과도 없었다. 반면 실행 부서는 전략이 부족했지만 치열한 실행을 통해 성과를 만들어 냈다. A는 '있는 척, 아는 척, 잘난 척'은 했지만 아무런 실질적 기여가 없었다.

결국, 포털에서 찾은 지식 수준의 정보와 화려한 말솜씨보다 중요한 것은 겸허함과 진정한 실행력이다. 작지만 실천 가능한 행동이 큰 전략보다 더 중요한 결과를 낳는다. 아는 척하면서 실제로는 모르는 것보다, 모르는 것을 인정하고 배움을 추구하는 자세가 더 가치 있다.

삼요세대와 일하는 법

삼척동자도 어느 조직에나 있을 법하지만, 최근에는 삼요세대라는 개념이 이슈가 되고 있다. 삼요세대는 "이걸요? 제가요? 왜요?"라는 질문으로 대표되며, 자신에게 부당하다고 느껴지는 일을 거부하거나 납득하려 하지 않는 태도를 보이는 현상을 일컫는다. 삼척동자가 없는 것을 있는 것처럼 행동하는 과시나 허세의 성격이라면, 삼요세대는 자신이 생각하는 공정성과 이유를 바탕으로 일을 거부하거나 질문하는 성격에 가깝다.

이러한 질문에는 단순한 거부가 아니라, "내가 왜 이 일을 해야 하며, 이 일을 통해 얻는 보상이 무엇인가"라는 의미가 담겨 있다. 말투는 다소 직설적일 수 있으나, 그 이면에는 납득 가능한 설명을 요구하는 정당한 요청일 수 있다. 사이먼 사이넥의 '골든 서클'을 언급하지 않더라도, 모든 일의 시작에서 Why를 설명하는 것은 리더의 기본적인 소통 방식이 되어야 한다.

따라서 이러한 질문을 단순한 저항으로 보기보다는, "나를 납득시켜 달라"는 요청으로 이해하는 것이 적절하다. 리더의 입장에서 이러한 질문은 때때로 당황스럽고 야박하게 들릴 수 있으나, 세대와 성장배경이 달라 생기는 관점의 차이임을 고려할 필요가 있다. 우리는 함께의 중요성을 강조하며 자라났지만, 지금의 세대는 개인의 기준과 논리를 중시하는 방식으로 성장해왔다.

조직 내의 역할과 책임은 선형적이지 않고, 사각지대는 언제든 발생하기 마련이다. 이러한 사각지대의 업무 역시 누군가는 담당해야 하며, 그 중요성은 결코 낮지 않다. 임홍택 작가의 『그건 부당합니다』에서도 말했듯, 지금의 세대는 이상한 것이 아니라 변화한 것이다. 디지털 시대를 살아가는 세대는 더 섬세하게 세상을 관찰하고 반응하며, 이는 리더들이 기존의 경험만으로 세대를 판단하기 어려운 이유이기도 하다.

결국 이러한 변화는 세습된 복종이 아닌, '왜?'라는 물음을 통해 납득 가능한 이유를 요구하는 자연스러운 흐름으로 이해해야 한다. 이들은 리더나 선배를 곤경에 빠뜨리려는 것이 아니라, 납득할 수 있는 설명과 정당한 대우를 원할 뿐이다. 이는 시대가 변했다는 사실을 받아들이고, 구성원들의 관점을 존중하는 자세에서 출발해야 한다.

그렇다면 리더는 삼요세대를 어떻게 대해야 할까? 첫째, 경험에만 의존하지 말고 Why에 대해 충분히 설명하고 설득하려는 노력이 필요하다. 납득이 이루어지는 순간 구성원의 몰입도와 생산성은 자연스럽게 높아지기 때문이다. 리더는 스스로 일을 잘하는 사람이 아니라, 타인이 잘할 수 있도록 돕는 사람이라는 사실을 잊지 말아야 한다.

둘째, 일의 성과가 공정한 평가와 보상으로 이어지도록 체계를 마련해야 한다. 구성원이 자신의 역할을 넘어 조직에 기여했을 경우, 이에 상응하는 평가와 인정이 수반될 때 비로소 공정성이 확보

된다. 이는 개인적 만족을 넘어 조직 전체의 일하는 방식과 문화에 긍정적 영향을 미칠 수 있다.

셋째, 팀워크를 기반으로 한 신뢰 형성을 통해 개인보다 공동의 목표가 중요하다는 인식을 심어야 한다. 협업과 공통 업무, 부가 업무 등의 중요성을 공유하고 내재화할 수 있도록 조직 문화를 조성해야 한다. 넷째, 일을 자처하는 문화가 형성되도록 유도하는 것이 바람직하다. 자원자가 스스로 나설 수 있는 분위기를 만들고, 그에 대한 인정이나 보상을 병행하는 것이 핵심이다.

다섯째, 명확한 R&R_{Role and Responsibility}을 설정하는 것이 중요하다. R&R이 불분명할 경우 모든 일이 내 일이 되어버리는 혼란이 발생할 수 있다. 최소한의 역할과 책임을 명확히 하고, 예외적인 상황에서는 협업의 기준을 설정해야 자발적 참여를 유도할 수 있다.

그러나 이런 노력에도 불구하고, "그래서요?"라는 반응을 마주한다면 리더로서는 당황할 수밖에 없다. 이때 리더는 자신의 부족함인지, 상대의 몰이해인지 판단이 어려운 순간을 맞이하게 된다.

이러한 상황은 리더가 다시 한번 구성원의 의지와 역량을 파악하는 기준과 방법을 되짚어 볼 필요가 있음을 시사한다. 동시에 리더는 흔들리지 않는 멘탈과 회복탄력성이라는 새로운 시대적 역량을 요구받고 있다. 시대는 변했고, 리더도 함께 변하지 않으면 본전 생각만 하게 되는 상황에 머무르게 된다. 변화를 원하는 리더라면 먼저 자신부터 변화하려는 태도를 가져야 할 것이다.

재능이 아니라
노력이다

재능과 노력, 두 가지를 다 갖추기는 쉬운 일이 아니다. 노력 없이 재능만으로는 빛날 수 없고, 재능이 조금 부족하더라도 노력으로 충분히 성장할 수 있다는 사실을 우리는 다양한 사례를 통해 확인해 왔다. 결국 성패를 가르는 핵심은 마음가짐이고, 바로 이것이 마인드셋이다.

어느 조직이나 단체에서든 일하는 자세와 태도를 중시하고, 이를 압축하여 마인드셋이라 표현한다. 이는 조직의 방향성과 개인의 행동을 연결하는 중요한 개념이며, 추상적인 것처럼 보이지만 사람의 말과 행동을 통해 구체적으로 드러난다. 마인드셋은 형식적이거나 진부하게 느껴질 수도 있으나, 정작 수많은 글로벌 기업들이 그 중요성을 강조하고 있다.

마인드셋을 리더십에 접목하면, 리더는 사람에 대한 선입견을 줄이고 인재 육성을 위한 노력을 기울여야 한다. 한 번의 실수나 평가로 사람을 영구히 판단하지 말고, 지속적인 배움과 성장을 위한 동기를 부여해야 한다. 이는 타고난 재능보다 노력과 태도가 성장의 핵심이라는 믿음과 일치한다.

만약 세상 모든 것이 정해져 있다면 얼마나 숨 막힐까? 사람들은 금수저보다, 오히려 시련을 딛고 성공한 이들의 이야기에서 더 큰 감동과 희망을 얻는다. 건강한 사회란 타고난 능력보다 노력과 성장 가능성을 중시하고, 이를 통해 공정한 경쟁이 가능해야 한다. 그래서 우리는 각자의 능력을 스스로 발전시킬 수 있다는 믿음을 가져야 한다.

결국 모든 일은 마음먹기에 달렸다. 우리의 소중한 삶을 남과 비교하거나 부러워하는 데에 낭비하지 말고, 나 자신만의 가치와 가능성에 집중하는 것이 중요하다. 누구나 자기만의 고유한 속도와 방향으로 성장할 수 있기 때문이다.

놀랍게도 유수의 글로벌 기업들은 성과나 전략뿐 아니라, 마인드셋을 핵심 가치로 강조한다. 예를 들어 구글은 '10X 마인드셋'을 통해 문제를 10배 개선할 방법을 고민하게 하며, 페이스북은 'Hacker Way'를 강조하며 완벽보다는 빠른 실행과 반복 개선을 중시한다. 이런 마인드셋은 단순히 성과보다도 사람과 집단의 힘에서 출발함을 말해준다.

대표적으로 마인드셋은 고정형 마인드셋과 성장형 마인드셋으로 구분된다. 미국 스탠퍼드대학교의 심리학자 캐롤 드웩 교수는 40여 년간의 연구 끝에* 우리가 스스로의 능력과 재능을 어떻게 바라보느냐에 따라 인생의 성공 여부가 크게 달라질 수 있음을 제시했다. 그녀는 이를 '원하는 것을 이루는 태도의 힘'이라 정의하면서 마인드셋의 중요성을 강조했다.

고정형 마인드셋은 능력이나 지능이 타고난 것이며, 아무리 노력해도 바뀌지 않는다고 믿는다. 이 때문에 실패를 회피하고 새로운

---

* Dweck, C. S. (2008). Mindset: The new psychology of success. Ballantine Books.

도전을 두려워하는 경향이 있다. 반면, 성장형 마인드셋은 능력과 지능이 노력과 학습을 통해 얼마든지 발전할 수 있다고 믿는다. 이들은 실패를 성장의 기회로 여기며, 계속 배우고 도전하는 사람들이다.

이러한 마인드셋은 개인의 성취뿐 아니라 조직의 발전에도 큰 영향을 미친다. 특히 성장형 마인드셋을 가진 사람들은 더 높은 회복탄력성과 지속적인 성장을 보이며, 리더십 개발에도 큰 역할을 한다. 이처럼 리더와 구성원 모두에게 필요한 것은 고정된 자질이 아니라 변화와 학습을 향한 태도이다.

구분	고정 마인드셋	성장 마인드셋
기본 전제	지능은 고정되어 있다	지능은 성장할 수 있다
도전 영역	도전을 피한다	도전을 받아들인다
역경 영역	쉽게 포기한다	역경에 맞서 싸운다
노력 영역	노력은 하찮은 것	노력은 완성을 위한 도구
비판 영역	옳더라도 무시한다	남의 비판을 통해 배운다
타인의 성공	위협과 질투를 느낀다	교훈과 영감을 얻는다
결과	잠재력을 발휘하지 못하고, 현재 수준에서 정체된다	숨겨진 잠재력을 발휘해 최고의 성과를 낸다

고정 마인드셋과 성장 마인드셋

만약 '자존심을 세워주는 사람'과 '나를 성장하게 해주는 사람' 중 하나를 선택해야 한다면, 어떤 선택이 더 나을까? 고정형 마인드셋을 가진 사람은 자신의 자질을 인정해주는 이를 선호할 것이고, 성장형 마인드셋을 가진 사람은 자신을 개선하도록 도와주는 이를 원할 것이다. 결국 더 나은 삶을 원한다면, 성장형 마인드셋을 선택해야 한다.

성장형 마인드셋은 목표 설정과 배움의 태도에서 시작된다. 끊임없이 배우고자 하는 마음이 곧 성장의 원동력이 되며, 이는 리더십뿐 아니라 인생 전반에도 해당된다. 정치학자 벤자민 바버가 말했듯, 세상은 승자와 패자가 아니라 배우는 자와 배우지 않는 자로 나뉜다.

빠른 길 보다
바른 길이 중요하다

고정형 마인드셋이나 성장형 마인드셋처럼 두 갈래길은 언제나 우리 앞에 있으며, 우리는 어느 길을 택할지 선택하게 된다. 특히 직장생활에서는 새로운 일을 마주할 때, 빠른 길과 바른 길이라는 선택의 기로에 서게 된다. 운전을 해 본 사람이라면 빠르지만 위태로운 길을 택했을 때 오히려 길을 잃거나 더 많은 시간이 소요되거나, 운이 나쁘면 사고로 이어질 수 있다는 사실을 경험으로 알 것이다.

'빨리빨리'가 하나의 문화이자 생존 방식이 된 환경에서는 빠른 길의 유혹을 뻔히 알면서도 눈 한번 질끈 감고 선택하는 경우도 많다. 하지만 인생에 지름길은 없다고 한다. 간혹 보이는 빠른 길도 바른 길을 걷고 있을 때에만 의미가 있다. 조직생활에서 단순히 빠른 길만 찾는 현상은, 단기 이익을 쫓거나 바른 길을 물어볼 분위기나 문화가 부재할 때 더욱 자주 발생한다.

과거 A사의 사례를 보면, 영업팀은 신입사원 위주로 구성되어 있었고, 일을 알려줄 선배나 중간 리더가 부족했다. B사원은 경험 부족으로 거래처의 무리한 요구에 끌려다녔고, 상황을 제대로 파악하지 못한 상태에서 약속부터 해버리는 일이 많았다. 그러던 중, 동기들 사이에서 시스템의 허점을 이용한 방법이 공유되었고, 결재 없이 빠르게 처리할 수 있다는 이유로 편법이 확산되었다.

리더 승인도 필요 없고, 협조 요청도 건너뛰며 거래처에선 문제 해결자로 보이니 이 방법은 일시적으로는 성공처럼 보였을 것이다. 그러나 결국 내부 감사에 적발되었고, 더 큰 문제는 다수의 신입사원들이 이를 당연하고 빠른 길이라 여겼다는 점이다. 시스템적으로 우수하다는 회사에서도 일이 벌어졌고, 이면에는 가르치는 사람의 부재와 소통 없는 문화가 있었다.

부정의 바이러스는 강력하고 빠르다. 모두가 쉽게 빠지는 편법의 유혹은 그만큼 치명적이다. 험하고 멀더라도 바른 길을 걸어야 오래 걸을 수 있고, 진정한 성장을 이룰 수 있다. 과거 군대에서 "FM대로 해라"는 말이 있었듯, 정석과 원칙을 따르는 일이 생존과 직결될 만큼 중요했던 배경을 떠올려야 한다.

편법은 한두 번은 통하더라도, 반복되면 결코 통하지 않는다. 대부분의 편법은 비윤리적이며 비정상적이다. 편법에 익숙한 사람들은 리더의 통제보다 그 불편함을 피하려 하기에, 정석을 배우지 못한 채 성장하게 된다. 바른 길을 걷는 사람은 잠시 길을 잃더라도 되돌아올 줄 알지만, 빠른 길에만 익숙한 사람은 방향을 상실하게 된다.

일의 흐름과 과정을 제대로 이해한 사람만이 빠른 길도 제대로 찾고 유연하게 일할 수 있다. 바른 길이 곧 느린 길은 아니며, 바른 길 안에서도 효율적인 방법은 충분히 찾을 수 있다. 잘못된 방향으로 빠르게 달리는 것보다 올바른 방향으로 느리더라도 담대하게 나아가는 것이 훨씬 낫다.

만약 처음부터 지름길만 알려주는 사람이 있다면, 그 사람은 신뢰하기 어려운 이일 가능성이 높다. 빠른 방법에는 늘 달콤한 함정이 도사리고 있고, 특히 편법은 길처럼 보이지만 실상은 길을 잃게 만드는 것이다. 인생에 지름길은 없으며, 빠른 것이 바른 것을 이길 수 없다. 방향이 속도보다 중요하고, 단기 성공보다 장기 성장의 가치가 크다.

그래서 우리는 정직과 노력을 바탕으로 한 바른 길이 결국 더 나은 길임을 알아야 한다. 빠른 길보다 바른 길을 걷고, 빠른 길을 보여주기보다 바른 길을 제시하는 것이 리더의 역할이다. 고정형 마인드셋을 성장형으로 전환하듯, 리더는 옳은 길을 택할 수 있도록 앞장서야 한다. 구성원들은 결국 리더의 자취를 따라 걷게 되기 때문이다.

아는 것이 힘?
행동하는 것이 힘!

잭 웰치 GE 회장은 "리더가 되기 전에는 성공은 자신을 성장시키는 것 이지만, 리더가 된 후에는 다른 사람을 성장시키는 것이 성공입니다"라는 명언을 남긴 바 있다. 코칭은 리더가 의도하든, 의도하지 않든 반복적으로 하고 있는 일이자, 반드시 해야만 하는 일이다. 잭 웰치 회장의 말처럼 자신의 성장은 곧 다른 사람의 성장을 이끄는 일임에도 불구하고, 이를 온전히 인식하고 실천하는 리더는 그리 많지 않다. 이 때문인지, 우리는 수많은 리더들 속에서 진정으로 좋은 리더, 뛰어난 리더를 만나기란 쉽지 않다고 말하곤 한다.

리더십이라는 단어를 꺼내지 않더라도, 세상의 대부분의 일들은 '아는 것'보다 '행동하는 것'이 결정적인 차이를 만들어낸다. 즉, 아는 것이 힘이 아니라 행동하는 것이 힘이며, 단순히 알고 있는 상태에 머무르기보다 배우고 실천하는 태도가 진정한 성장으로 이어진다. 행동을 통해 구성원을 성장시키는 리더의 역할에서 '코칭'이란, 구성원이 스스로 목표를 설정하고 그 목표를 향해 역량을 개발할 수 있도록 지원하는 과정을 말한다.

코칭의 핵심 배경에는 '모든 사람은 무한한 가능성을 지니고 있으며, 해답은 스스로에게 있다'는 믿음이 있다. 다만, 그 해답을 발견하기 위해서는 누군가의 도움이 필요하며, 그 역할이 바로 리더의 몫이다. 조직의 구성원에 대해 리더가 어떤 가정을 갖고 있는지에 따라 인간관계의 방향이 달라지는 것은 오래전 X이론과 Y이론에서도 강조된 바 있다. 이는 고정형 마인드셋과 성장형 마인드셋의 개념으로도 이어지며, 결국 리더의 관점과 태도가 사람을 성장시키는 핵심이라는 사실을 일깨운다.

우리는 흔히 고민이 생기면 타인에게 답을 구하려 든다. 하지만 정작 그 답은 이미 자기 안에 존재하고 있으며, 자신도 그것을 모르고 있을 뿐이다. 일터에서도 마찬가지다. 그렇기에 리더는 정답을 제시하기보다, 그 답을 스스로 발견할 수 있도록 돕는 조력자, 파트너가 되어야 한다. 이때 가장 효과적인 도구는 바로 질문이다.

질문은 구성원의 사고를 자극하고, 스스로의 내면을 들여다보게 한다. "나는 지금 어디에 있는가?", "나는 어디로 가려 하는가?"와 같은 질문은 자신의 현재 상태와 지향점을 자각하게 하며, 자발적인 행동을 유도한다. 리더의 질문은 단순한 화법이 아닌, 구성원의 성장을 촉진하는 강력한 촉매제다. 이러한 자각의 과정을 통해 구성원은 목표를 향해 주도적으로 움직이게 된다.

결국, '아는 것'은 잠재된 힘일 뿐이다. 아무리 많은 지식을 가지고 있다 해도 그것을 실제로 사용하지 않는다면, 아무런 변화도 만들어지지 않는다. 뛰어난 전략이 있어도 실행에 옮기지 않으면 무용지물이듯, 실천 없는 앎은 무력하다. 작더라도 직접 해보는 행동은 결과를 통해 피드백을 얻고, 그 과정에서 진정한 학습과 적응이 이루어진다.

이러한 맥락에서, 리더십 역시 실천하지 않으면 아무 의미가 없다. 리더가 알고 있는 바를 실천하지 않는다면 조직에 변화는 일어나지 않는다. 이론과 실제, 지식과 행동 사이의 간극은 리더 자신의 부끄러움을 자각하는 순간에 비로소 줄어든다. 실천하는 리더십은 결코 쉬운 일이 아니지만, 방향이 옳다면 반드시 큰 걸음을 내딛을 필요는 없다.

리더는 많이 알지 못하더라도, 단 1%라도 제대로 이해하고 실천에 나설 수 있어야 한다. 중요한 것은 리더십이 생각에 머무르지 않고, 구체적인 행동으로 드러나는 것이다. 그렇게 한 걸음씩 나아가는 실천이야말로, 진정한 리더가 되는 길이다.

리더의 다른 이름,
코치와 멘토

진정한 이해는 행동을 통해 얻어지며, 올바른 행동은 깊은 이해에서 시작된다고 한다. 이러한 점에서 올바른 행동을 이끌어내기 위해 리더는 때로는 코치라는 이름으로, 때로는 멘토라는 역할로 구성원을 성장시켜야 한다. 이 과정에서 구성원의 성장이 곧 리더 자신의 성장이 되며, 멘토링이나 코칭을 통해 리더도 학습하며 발전할 기회를 얻게 된다.

과거 나는 계열사별 팀장급 핵심 인재를 대상으로 진행한 멘토링 프로그램에 두 차례 참여한 경험이 있다. 내 코가 석자였고, 전문적인 지식도 부족하다고 느꼈으며, 무엇보다도 멘티들 각자가 속한 회사의 사업 분야와 직무가 크게 달라 공통분모를 찾기 어려웠다. 그러나 우리 모두 '리더'라는 공통점이 있었기에, 리더십이라는 주제를 중심으로 현실적인 고민을 나누고 함께 토론할 수 있었다. 이 경험은 다양한 관점을 이해하고 내 생각을 정리하며, 멘티뿐 아니라 나 자신에게도 좋은 배움의 기회가 되었다.

멘토링의 유래는 호메로스의 『오디세이아』에 등장하는 오디세우스의 충실한 조언자, 멘토(Mentor)의 이름에서 비롯되었다고 알려져 있다. 오디세우스가 트로이 전쟁에 나서는 동안, 집안일과 아들 텔레마코스의 교육을 멘토에게 맡겼고, 멘토는 10여 년 동안 친구이자 선생, 상담자, 때로는 아버지의 역할까지 해냈다고 전해진다. 이처럼 멘토는 위계보다는 신뢰와 동반자의 이미지로, 한 사람의 성장을 따뜻하게 지지하는 상징으로 자리잡았다. 이 점에서 오늘날의 멘토 역시, 권위가 아니라 진정성 있는 지지자이자 조력자여야 한다.

실제로 많은 직장인들도 멘토의 존재를 필요로 한다. 한 설문조사*에 따르면, 무려 92%의 직장인이 멘토를 원한다고 응답하였다. 그 이유로는 업무 능력 향상(31.6%)이 가장 많았고, 이어 인간관계(27.6%), 스트레스 감소(22.1%), 자기계발(18.0%) 등이 뒤를 이었다. 이는 단지 기술이나 지식뿐 아니라 정서적 지지와 자기 성찰의 역할을 멘토에게 기대하고 있음을 보여준다.

리더와 멘토는 전혀 다른 역할이라기보다, 상호 보완적인 관계에

---

* 인크루트. (2009). 직장인 대상 멘토의 필요성에 대한 설문조사

가깝다. 리더가 팀 전체의 방향과 성과를 책임지는 공식적인 역할이라면, 멘토는 일대일 관계 속에서 개별 구성원의 성장을 돕는 역할에 가깝다. 약간의 차이는 있지만, 리더가 멘토의 태도를 갖춘다면 그 자체로 이미 훌륭한 멘토이자 리더라 할 수 있다. 문제는 많은 리더들이 "내가 멘토로서 자격이 있을까?"라는 부담을 느끼는 데 있다.

우리는 흔히 업무를 잘하는 사람이 다른 사람도 잘 이끌 수 있을 것이라고 생각하지만, 실제로는 그렇지 않다. 업무 성과와 코칭 능력은 별개의 영역이다. 멘토는 반드시 정답을 주는 사람이 아니라, 열린 마음으로 신뢰관계를 형성하고, 자신의 경험을 나누며 멘티가 <u>스스로</u> 해답을 찾도록 돕는 조력자이다. 이러한 역할을 잘 수행하는 사람은 곧 리더이자 코치로서, 구성원의 성장을 이끄는 진정한 리더라 할 수 있다. 흔히 "물고기를 잡아주지 말고, 물고기 잡는 방법을 알려주라"는 말을 한다. 이는 리더십이 필요한 이유와 멘토링, 코칭의 필요성을 동시에 설명하는 말이기도 하다.

다양한 구성원을 만나는 리더의 입장에서는 특히 불평과 불만이 많은 구성원을 대하는 일이 어렵다. 이런 구성원은 주변에도 부정적인 영향을 끼치며, 정작 대화를 시도하면 피하거나 침묵하는 경우도 많다. 불평이 쌓이면 불만이 되고, 불만은 곧 불안으로 이어진다. 이처럼 불안함에는 자신감 부족과 부정적 감정이 함께 작용하며, 이는 곧 조직 전체에 부정적인 영향을 미칠 수 있다. 그래서 리더는 이러한 감정을 외면하지 말고, 구성원의 내면을 따뜻한 시선으로 들여다보아야 한다. 공감을 바탕으로 한 소통이 이뤄져야 진정한 변화가 시작된다.

이런 이유로 '코칭'을 '코 찡'이라 표현하는 이들도 있다. 공감의 깊이가 깊어져서, 말 그대로 코가 찡할 정도의 감동을 주는 소통이어야 한다는 뜻이다. 그러나 아무리 리더가 진심을 다해 다가가도, 구성원이 마음을 열지 않으면 대화는 형식에 그칠 수 있다. 그래서 진심 어린 '코 찡'의 소통 없이는 불안과 불만의 근원을 이해하기 어려우며, 변화 역시 기대하기 어렵다.

이솝우화 속 해와 바람 이야기처럼, 바람은 외투를 벗기지 못했지만 따뜻한 햇살은 외투를 벗게 만들었다. 강하게 밀어붙이기보다 따뜻한 시선으로 다가가는 것이야말로 리더의 힘이다. 리더는 모든 문제를 해결해 주는 존재가 아니다. 다만, 구성원이 스스로 마음의 문을 열고 그 속의 불안과 불만이 흘러나오게 도울 수 있는 사람이다.

물론, 이러한 노력이 모든 구성원에게 항상 통하는 것은 아니다. 때로는 아무리 정성을 다해도 변화가 일어나지 않을 수도 있으며, 그럴 경우에는 팀 전체의 사기와 성과를 고려해야 한다. 모든 감정 에너지를 특정 구성원에게만 소모하기보다, 팀 전체를 위한 방향을 고민해야 할 때가 있다.

마음을 두드리는 노력은 아끼지 않아야 한다. 하지만 그 문을 여는 손잡이는 구성원 자신이 쥐고 있다는 사실을 잊어서는 안 된다. 리더는 그 문 앞에서 언제든 기다릴 준비가 되어 있어야 하며, 결국 마음의 문을 여는 것은 스스로의 선택임을 존중해야 한다.

알을 깨는
노력은 모두에게

 헤르만 헤세는 『데미안』에서 "새는 힘겹게 투쟁하여 알에서 나온다. 알은 세계다. 태어나려는 자는 한 세계를 깨뜨려야 한다"고 말했다. 이 문장을 곱씹어보면, 변화와 성장이 얼마나 큰 노력을 필요로 한 일인지 다시금 생각하게 된다. 익숙한 틀, 안전한 구조, 안락한 현실이라는 이름의 '알'을 깨뜨리는 일은 결코 쉽지 않기 때문이다.

 리더의 역할에는 '영향력'이라는 단어 하나로 표현되기 어려운 다양한 책임이 내포되어 있다. 조직의 의사결정을 내리고, 비전을 제시하며, 후배를 육성하는 일까지 그 범위는 매우 넓다. 무엇보다 말과 행동을 일치시키며 솔선수범하고, 구성원들에게 "함께 가자"고 말할 수 있어야 한다는 점에서 리더의 무게는 결코 가볍지 않다.

 리더십의 시작이 자기성찰과 자기인식에 있다고 말하지만, 이는 리더뿐만 아니라 모든 구성원에게도 필요한 일이다. 특히 업무 상황에서 '내 현재 실력은 어디쯤인가'라는 질문에 정직하게 답하는 일은 자존심이라는 장벽 앞에 자주 가로막히곤 한다. 이런 자기방어적 태도는 성장을 위한 도전보다는 현실 안주로 이어지고, 결국 변화의 가능성을 차단하는 결과로 나타난다.

 따라서 우리는 끊임없이 자기 위치를 점검하고, 자신을 객관화하려는 노력을 멈추지 말아야 한다. 누구나 성장하고 발전하고 싶어 하는 마음은 있지만, 정작 무엇이 부족한지 모르고 무엇을 해야 할지 몰라서 방황하는 경우가 많다. 결국 변화의 출발점은 '자각'이며, '나는 지금 무엇을 해야 하는가'라는 질문 앞에 정직하게 서는 것이다.

사람은 저마다의 '알' 속에 있다. 그 알을 깨뜨려야 성장할 수 있다는 점에서, 변화는 결국 스스로의 노력에서 출발한다. 성장하려는 의지가 없는 상태에서 아무리 좋은 환경이나 자극이 주어진다 해도, 그것은 변화로 이어지지 않는다. 변화의 첫 걸음은 '나 스스로 나오겠다'는 결심이어야 한다.

이를 상징적으로 보여주는 개념이 바로 '줄탁동시啐啄同時'다. 병아리가 알 안에서 껍질을 쪼는 '줄啐'과 어미 닭이 밖에서 껍질을 쪼는 '탁啄'이 동시에 이루어져야 부화가 가능하다는 뜻이다. 하지만 여기서 중요한 점은 어미 닭이 먼저 껍질을 깨주는 것이 아니라, 병아리가 안에서 먼저 쪼기 시작해야만 어미 닭도 반응한다는 사실이다. 스스로 깨려는 노력이 없는 병아리는 세상 밖으로 나올 수 없는 것이다.

리더 역시 마찬가지다. 구성원이 스스로 돕지 않으면 리더가 구원하기란 어려운 일이다. 그러나 구성원이 현실을 직시하고, 변화하려는 의지를 보이기 시작될 때 리더는 교육이나 동기부여, 실무 배치 등을 통해 전폭적인 지원을 아끼지 않아야 한다. 줄탁동시의 의미처럼, 리더의 육성은 상호작용 속에서 더 큰 의미를 갖게 된다.

결국 리더십의 본질은 '함께 성장하는 것'이다. 변화는 한 사람의 힘만으로는 이루어지지 않는다. 스스로 변화하려는 개인의 의지와 그 노력을 지지하고 도와주는 리더의 역할이 맞물릴 때, 비로소 진정한 성장이 시작된다. 성장의 여정에서 중요한 것은 혼자만 앞서 가는 것이 아니라, 함께 길을 걷고 함께 커지는 것이다.

같이 일하는 구성원은
부하가 아닌 조력자로

줄탁동시가 서로 힘을 합쳐 노력해야만 가능한 일이라면, 리더 역시 구성원에 대한 인식을 단순한 '부하 직원'이 아닌 '조력자' 혹은 '파트너'로 전환해야 한다. 상하의 위계 속에서 지시하고 평가하는 존재가 아니라, 함께 성장하고 문제를 해결해 나가는 협력자여야 한다. 그렇게 구성원을 바라보는 시선의 전환이 진정한 리더십의 출발점이 될 수 있다.

　오래전 배우 황정민은 한 시상식에서 '밥상론'을 언급하며 수상 소감을 전한 적이 있다. 많은 사람들이 주목하지 않는 엔딩 크레딧 속 이름 하나하나에 진심 어린 감사를 표하며, 스크린 밖에서 고생한 수많은 사람들 덕분에 자신이 이 자리에 설 수 있었다고 말했다. 영화가 끝난 뒤 조용히 떠나는 관객들에게는 보이지 않지만, 이름조차 생소한 이들의 노력이야말로 진정한 작품의 완성 요소라는 점을 일깨워 준 것이다.

　조직에서도 마찬가지다. 리더만으로는 어떤 성과도 만들어낼 수 없다. 시스템과 절차, 전략도 중요하지만, 그것을 실행하고 유지시키는 숨은 조력자들이 없다면 조직은 결코 앞으로 나아갈 수 없다. 따라서 팔로워는 단순한 '하급자'가 아닌 '성과의 주역'이자 '미래의 리더 후보군'으로 이해되어야 한다.

팔로워십이란 리더십과 마찬가지로 반드시 필요한 개념이다. 조직 구성원들이 공통적으로 갖추어야 할 태도, 사고방식, 행동양식을 통칭하는 이 개념은 리더십과 별개가 아니라 상호 보완적인 성격을 가진다. 리더가 아무리 훌륭한 전략과 비전을 제시한다 해도, 그것을 함께 실행할 팔로워가 없다면 무용지물이다.

나 역시 과거에 팀의 리더로 일한 경험이 있다. 당시 주변에서 구성원들의 면면을 보고 "저런 유능한 이들로 팀을 꾸리면, 이루지 못할 일이 없겠다"는 말을 하기도 했다. 실제로도 좋은 후배들이 함께 힘을 모아주었기에 많은 과업을 해낼 수 있었다. 시간이 지나면서 그 후배들 또한 각자의 조직에서 리더로 성장했고, 나는 그것이 내 리더십의 결과라 자부하기도 했다. 그러나 돌이켜보니, 내가 그들을 키운 것이 아니라 그들이 나를 키워준 것이라는 사실을 깨닫게 되었다.

리더에게 좋은 리더십이 요구되듯, 팔로워에게도 좋은 팔로워십이 요구된다. 수도직으로 일하고, 조직 전체를 바라보며 자신의 역할을 수행하는 팔로워는 단순한 이인자가 아닌 조직의 성장을 이끄는 핵심 구성원이다. 때로는 리더가 부재한 상황에서도 조직을 안정적으로 유지하고, 문제를 해결하는 데 중요한 역할을 수행한다. 이처럼 팔로워는 잠재적인 리더이자, 리더의 가장 든든한 조력자인 셈이다.

실제로 주도적인 팔로워들은 리더나 상급자의 눈치를 보며 조급해하지 않는다. 이들은 일 자체에 초점을 맞추고, 필요한 준비를 미리 하며 일의 맥락을 이해하고 행동에 옮긴다. 반면, 지시에만 반응하는 구성원은 상사의 평가나 반응에 지나치게 집중하며, 늘 불안과 긴장 속에 일하게 된다. 조직은 전자와 같은 자율적 팔로워를 통해 비로소 건강한 문화를 유지할 수 있다.

최근 한 조사에 따르면, 젊은 세대가 가장 싫어하는 리더 유형은 '성과를 가로채는 리더'라고 한다. 좋은 리더란 성과는 팀원에게 돌리고, 책임은 스스로 지는 사람이다. 동시에 좋은 팔로워는 리더의 헌신에 존중을 보내고, 함께 방향을 맞추기 위한 노력을 아끼지 않는다. 결국 리더와 팔로워는 서로를 비추는 거울과 같은 존재라 할 수 있다.

그래서 나는 종종 말하곤 한다. 팔로워 follower 라 쓰고 조력자라 읽고, 리더 leader 라 쓰고 리더 reader — 즉, 사람을 읽는 사람이라 읽자고. 직장에서 우리가 하는 일은 단순히 생계를 위한 거래 행위를 넘어선다. 우리의 역할은 곧 우리의 태도이며, 어떤 가치와 방향으로 삶을 살아갈지를 결정짓는 중요한 기준이 될 수 있다.

결국 우리가 어떤 리더가 될 것인가, 어떤 팔로워로 살아갈 것인가는 우리 스스로에게 달려 있다. 우리 자신을 위해서, 그리고 함께 일하는 동료들을 위해서, 조금 더 좋은 리더, 좋은 팔로워가 될 수 있도록 오늘도 성장의 방향을 향해 나아가야 한다.

질문은 형식이 아니라 리더의 능력이다

질문은 관찰, 경청, 피드백과 더불어 코칭의 네 가지 핵심 스킬 중 하나다. 동시에 질문은 그 사람의 실력을 가늠할 수 있는 척도이기도 하다. 누구나 질문을 던질 수는 있지만, 질문을 잘하는 일은 생각보다 어렵다. 효과적인 질문은 단순히 궁금증을 표출하는 것을 넘어서서, 상대방의 사고와 감정에 영향을 미치는 강력한 도구가 된다.

과거, "코끼리를 냉장고에 넣는 방법은?"이라는 유머성 질문이

화제가 된 적이 있다. 이런 질문을 접했을 때 우리는 일단 호기심이 자극되고, 동시에 무의식적으로라도 문제를 해결하기 위한 사고 활동을 시작하게 된다. 질문의 힘은 바로 이 '생각하게 만드는 힘'에 있다. 이렇듯 좋은 질문은 정답이 없더라도 사고를 유도하고, 그것은 결국 사람을 성장시킨다. 질문에 답을 하는 순간, 우리는 그 문제의 한편이 된다. 즉, 대답을 하는 순간 마음이 움직이고, 문제 해결에 대한 의지가 생기며, 스스로 하고 싶어지는 동기가 형성된다. 질문은 단순히 정보를 얻기 위한 수단이 아니라, 상대방의 내면을 움직이는 촉매인 셈이다.

설득과 납득의 차이는 이 맥락에서 이해할 수 있다. 설득은 외부로부터의 이해이고, 납득은 스스로의 내면에서 우러나는 동의다. 그래서 좋은 질문은 설득이 아닌 납득을 이끌어낸다. 상대방이 '스스로 그렇게 하고 싶게 만드는 질문'이 곧 리더의 질문이 되어야 하는 이유다.

질문은 개인의 문제가 조직의 문제로 확장되는 연결고리 역할도 한다. 동일한 상황에서도 질문의 방식에 따라 문제 해결의 가능성은 달라진다. 예를 들어, 여행을 위한 항공편이나 열차를 놓쳤을 때 아래와 같은 질문이 있을 수 있다.

"조금 늦어서 이번 여행 편을 이용하지 못하게 되었는데, 어떻게 안 될까요?"

"제가 예약한 여행편을 부득이하게 이용하지 못하게 되었는데, 여행을 진행할 수 있는 방법을 찾아주시겠어요?"

두 질문은 같은 상황에서 비롯되었지만, 질문을 받는 사람의 입장에서 후자의 질문이 훨씬 더 적극적인 대안을 유도할 수 있다. 이처럼 질문의 방식에 따라 상대방의 반응과 태도, 나아가 결과가 달라질 수 있다는 점을 주목해야 한다.

같은 맥락에서, 아래의 두 질문을 비교해보자.

"그 시간까지 마무리가 될까요?"

"그 시간까지 마무리하려면 어떻게 해야 할까요?"

청유형의 질문은 상대에 대한 존중의 태도를 담고 있고, 그것은 곧 응답의 질을 높이게 된다. 질문은 단순한 문장이 아니라, 태도의 반영이며, 그 태도는 대화를 움직이게 하는 힘이 된다.

또 다른 예를 들면,

"그 문제를 해결하려면 어떻게 했어야 하죠?"

"그 문제를 해결하려면 어떻게 하면 좋을까요?"

이 두 문장 사이에는 표현 방식의 미묘한 차이가 있지만, 듣는 사람 입장에서는 전혀 다른 감정을 갖게 된다. 전자는 과거의 잘못을 지적하는 뉘앙스를 풍기는 반면, 후자는 함께 해법을 찾아보자는 열린 태도를 드러낸다.

결국, 리더는 질문을 통해 상대방의 생각을 자극하고 행동을 유도하며, 공동의 문제를 함께 풀어갈 수 있도록 유도해야 한다. 질문의 방식은 리더의 태도를 드러내며, 질문의 깊이는 리더의 실력을 보여주는 것이다. 그래서 질문은 기술이자 철학이며, 리더의 품격을 말해주는 언어가 된다.

좋은 리더의
좋은 질문법

조직 운영에 대해 늘 고민이 많은 것이 리더다. 책임감 있고 좋은 조직 문화를 통해 조직 역량을 키울 수 있을지 고민하는 것은 리더의 중요한 책무이기 때문이다. 미국의 온라인 미디어 '아이앤씨닷컴 Inc.com'에서는 이러한 리더들을 위해 스스로에게 던져야 할 '세 가지 질문'을 제시하고 있다. 이는 조직을 보다 효율적으로 운영하고, 구성원들이 뛰어난 능력을 발휘할 수 있도록 돕기 위한 리더의 사고법이라 할 수 있다.

첫째, "반드시 성취하고 싶은 목표는 무엇인가?"라는 질문이다. 이 질문은 조직의 의도와 방향을 명확히 설정함으로써 낭비를 줄이고 효율성을 높일 수 있게 한다. 둘째, "혹시 지금 간과하고 있는 것이 무엇인지 자문해 본 적이 있는가?"라는 질문이다. 이는 목표를 방해하는 장애 요인이 무엇이며, 현재 우리가 부족하거나 약한 부분이 어디인지 점검하는 계기가 된다. 셋째, "하고 있는 일에 지금 누리고 있는 모든 것을 던질 준비가 되어 있는가?"라는 질문이다. 이는 목표를 위해 모든 것을 걸 수 있는 의지와 배짱이 있으며, 충분한 고민과 몰입의 준비가 되어 있는지를 확인하는 물음이다.

이처럼 단순한 원리를 충분히 인식할 때 조직 운영의 본질도 선명해진다. 아인슈타인의 말처럼, 성장과 발전은 질문을 던지는 순간 시작된다. 스스로에게 던지는 질문도 중요하지만, 구성원의 성장을 위해 적절한 질문을 던지는 것도 리더의 중요한 역할이다. 질문은 단순한 물음 이상의 의미를 지니며, 구성원 개개인의 인식과 행동에 영향을 미치는 도구가 된다.

질문은 기술이자 태도다. 리더가 던지는 질문은 단지 정답을 요구하는 것이 아니라, 상대가 스스로 답을 찾을 수 있도록 돕는 과정에 가깝다. 가령, "당신은 지금 어떤 상태입니까?"라는 질문은 구성원 스스로의 상태를 성찰하도록 유도하는 질문이다. "당신은 어떤 모습이고 싶은가?"라는 질문은 구성원이 바라는 상태를 구체화하는 질문이며, 니즈를 명확히 하는 데 효과적이다. "어떻게 하면 그런 모습이 될 수 있는가?"라는 질문은 실현을 위한 자각의 단계를 이끌어내며, 마지막으로 "지금 당신은 어떻게 하고 있는가?"라는 질문은 현재의 행동을 점검하고 조율하게 만든다.

이러한 일련의 질문들은 구성원이 자기 인식을 통해 목표를 설정하고, 실행 가능한 계획을 세우며, 실천으로 옮기도록 돕는 구조를 갖는다. 특히 코칭의 관점에서는 상대방이 '스스로 자각하게 만드는 것'이 핵심이기에, 질문의 순서와 구성은 매우 중요하다. 그리고 질문의 유형도 그에 못지않게 중요한 고려 요소다. 가장 대표적인 유형은 폐쇄형 질문과 개방형 질문이다.

폐쇄형 질문은 "예" 또는 "아니오"로 간단히 답할 수 있는 질문을 의미한다. "오늘 날씨가 좋지요?", "입사하신 지 얼마나 되셨죠?"와 같은 질문은 대답이 제한적이기 때문에 대화의 확장이 어렵다. 반면 개방형 질문은 하나 이상의 답변을 이끌어내며, 생각을 요하는 대화를 유도한다. "우리 조직의 가장 큰 문제는 무엇이라고 생각하시나요?" 또는 "10년 후 어떤 모습이고 싶으신가요?"와 같은 질문이 이에 해당한다.

리더는 상황에 따라 적절히 폐쇄형과 개방형 질문을 조합하되, 구성원의 생각을 이끌어내는 데에는 개방형 질문을 우선적으로 고려해야 한다. 또한 질문의 뉘앙스는 긍정적이어야 한다. "왜 일이 이렇게 안 풀리는 거죠?"라는 부정적 질문보다는, "어떻게 하면 이 일을 잘 해낼 수 있을까요?"와 같은 긍정적 질문이 더 나은 대답을 이끌어내며, 상대방의 기분과 태도에도 영향을 준다. 말이 씨가 된다는 말처럼, 긍정의 질문은 긍정의 결과를 이끌어낸다.

우리는 질문 외에도 지시라는 방법을 많이 활용하지만, 이 두 가지는 엄연히 다르다. 질문은 동기부여의 수단이 될 수 있으나, 지시는 반복될수록 동기부여의 효과가 급격히 떨어진다. 물론 지시는 즉각적인 효과를 낼 수 있는 장점이 있지만, 구성원의 자발적 참여와 성장에는 한계가 있다. 단기간에 결과를 요구하는 상황에서는 지시가 유용할 수 있으나, 구성원의 발전과 조직의 지속가능한 성장을 위해서는 질문을 통한 유도와 동기부여가 훨씬 효과적이다.

결국, 효과적인 질문은 조직 운영의 질을 높이고, 구성원의 참여를 활성화하며, 구성원 개개인의 성장을 이끌어내는 힘을 갖는다. 질문의 수준이 곧 리더의 수준이며, 질문이 바뀌면 조직의 움직임도 달라진다. 그러므로 우리는 스스로에게 묻는 질문과 구성원에게 던지는 질문을 다시 돌아보아야 한다.

열 번 찍기 전에
다섯 번 질문부터

계획보다 실행이 중요하듯, 정답보다 질문이 더 중요하다. 우리는 일터에서 전문가를 자처하는 많은 사람들을 마주하게 된다. 그런데 스스로를 전문가라 여기는 사람일수록 정작 자신에게 질문을 던지는 데 인색한 경우가 많다. 전문성이란 단순히 경험의 누적이나 오랜 경력에만 의존해서는 안 되며, 문제 해결을 위한 적절한 질문과 논리적 사고의 과정을 통해 완성되어야 한다.

리더의 입장에서 모든 분야에 대해 전문성을 갖추는 것은 사실상 불가능하다. 그렇기에 조력자와 구성원들의 전문성을 존중하고, 자신은 그에 걸맞는 리더십과 통찰력으로 대응해야 하는 것이다. 문제의 원인을 찾아내기 위해서는 단편적인 정보나 기존의 데이터에만 의존할 것이 아니라, 그 속에 숨어 있는 인과관계와 연관성을 파악하려는 태도가 요구된다.

한 조직에서 자사의 제품 점유율(MS)에 대해 논의가 이루어졌다. 회의에 참석한 여러 리더들은 각자의 경험을 바탕으로 자신이야말로 이 문제의 최고 전문가라 자부했다. 그러나 화려한 언변과 자신감과는 달리, 대부분은 반복되는 설명과 현재 상황에 대한 피상적인 인식만을 제시할 뿐, 문제의 본질에 다가가는 질문은 드물었다. "그래서, 이 문제의 원인이 무엇일까요?"라는 질문 하나가 회의의 핵심을 찌른 순간이었다.

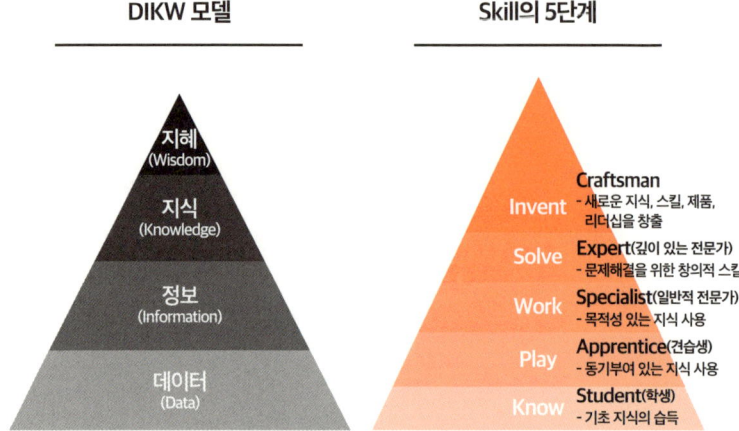

전문가의 의미와 리더의 역할

    이 질문에 대해 몇몇 리더는 두루뭉술한 시장 상황만 언급하거나, 감각적인 언어로 둘러댈 뿐, 논리적 인과관계나 대안 제시는 부족했다. 이처럼 '아는 것'과 '문제를 해결하는 것'은 다르며, 진정한 전문성은 질문을 통해 드러나는 것이다. 실제로 이러한 상황은 조직문화에 깊이 뿌리내린 마인드셋과도 관련이 있다. 고정형 사고(Fixed Mindset)는 학습과 노력을 성장의 요소로 인정하지 않기 때문에, 남을 이기기 위해 말만 많아지고 내부 경쟁을 조장할 뿐이다.

    질문의 중요성은 아인슈타인의 말에서도 확인할 수 있다. "만약 당신이 1시간 안에 생명을 구할 방법을 찾아야 한다면 어떻게 하겠는가?"라는 질문에, 아인슈타인은 55분을 올바른 질문을 찾는 데 쓰고, 정답을 찾는 데는 5분이면 충분하다고 말했다. 이는 올바른 질문이 곧 문제 해결의 절반 이상이라는 것을 의미한다. 정답을 찾아가는 길은 질문에서 시작되며, 리더의 좋은 질문은 결국 경청과 연결된다.

단순한 지시는 구성원에게 일을 '시키는' 데 그치지만, 질문은 책임감을 부여하고 관점을 확장시킨다. 그렇기에 리더는 질문을 통한 소통에 훈련되어야 한다.

1. "우리의 목표는 무엇인가?"
2. "현재 우리는 어떤 준비가 되어 있는가?
3. "그 차이를 어떻게 줄일 수 있을까?"
4. "그 목표는 조직과 개인에게 어떤 의미를 지니는가?"

이와 같은 질문은 구성원으로 하여금 방향성을 인식하고 행동으로 옮기게 만든다.

문제 해결을 위한 질문의 대표적인 사례로는 '5 Why 기법'*이 있다. 이는 반복적으로 "왜?"라는 질문을 던짐으로써 문제의 근본 원인을 찾아가는 기법이다. 미국 워싱턴 D.C.의 제퍼슨 기념관 사례는 이 기법의 전형적인 예시도 소개된다. 기념관의 벽면이 심하게 부식된다는 민원이 이어졌고, 처음에는 강산성 세제 때문이라는 결론에 도달했다.

그러나 문제는 계속되었고, 5단계의 질문이 이어졌다.

---

* Ashis Pens. (2023). 5 Whys: A solution of a Monumental Mystery

1. 왜 부식이 심한가? → 강산성 세제를 자주 사용하기 때문이다.
2. 왜 세제를 자주 사용하는가? → 비둘기 배설물이 많기 때문이다.
3. 왜 비둘기가 많은가? → 거미를 잡기 위해 몰려든다.
4. 왜 거미가 많은가? → 나방이 많기 때문이다.
5. 왜 나방이 많은가? → 조명이 너무 일찍 켜져 나방이 모인다.

결국 근본 원인은 '조명 점등 시점'이었고, 해결책은 단순히 '조명을 2시간 늦게 켠다'는 조정으로 정리되었다. 이는 질문이 문제를 본질적으로 해결할 수 있게 만드는 가장 효과적인 도구임을 입증한 사례다. 그저 열심히 해결책을 쏟아내기보다는, 제대로 된 질문을 던지는 것이 진짜 실력이다.

열 번 찍어 안 넘어가는 나무가 없다는 말이 있지만, 잘못된 나무를 열심히 찍는다면 아무 의미가 없다. 그 나무를 찍기 전에 먼저 다섯 번의 '왜'를 던져야 하는 이유가 바로 여기에 있다. 질문은 단순한 의문이 아니라, 생각을 촉진하고 방향을 제시하며 성장을 이끌어내는 힘이다. 그리고 좋은 리더는 언제나 좋은 질문으로 대화를 시작한다.

리더는
입보다 귀가 커야

사람의 입이 한 개이고, 귀가 두 개인 이유는 무엇을 의미하는가? 이는 말하는 것보다 두 배는 들어야 한다는 경청의 의미로 자주 쓰인다. 입보다 귀가 크면 좋겠다는 얘기도 같은 의미로, 말하는 입보다 귀가 더 커서 다른 사람의 얘기를 잘 듣자는 취지이다.

흔히 "꼰대"라고 대변되는 사람들, 연령에 관계없이 권위적이거나 자기중심적 사고를 갖고 있는 사람들의 공통점은 남의 얘기를 잘 들어준다는 착각에 빠져있다는 것이다. 하지만 현실은 남의 얘기를 듣기보다는 "라떼는...", "난 말이야...", "내 얘기부터 들어봐"로 시작하는 자신의 입에 더 큰 관심이 있는 편이다.

코칭은 구성원의 잠재력을 이끌어내면서 개인에게는 성장을, 조직에는 성과 향상을 만들어내는 육성이자 지원하는 활동이라 할 수 있으며, 경청은 관찰·질문·피드백과 함께 가장 핵심적인 스킬이다. 경청이란, 기울 '경傾'과 들을 '청聽'자를 사용하여 말을 공손하게 귀 기울여 듣는다는 의미를 갖는다. 이런 자세를 통해 상대방을 존중하고 이해하려는 태도를 표현한다고 볼 수 있다.

또한 눈으로 보고, 귀로 듣고, 마음으로 공감하거나 여기에 더해 왕王으로 대하라는 의미를 내포하고 있다는 해석도 존재한다. 역설적으로 경청의 중요성을 보여주는 송강호 배우의 재미있는 TV 광고가 떠오른다. 광고에서 배우자가 소파에 누워있는 송강호에게

"여보, 빨래 좀 개 줘"라고 말하자, 송강호는 소파에 누운 채로 발로 빨래를 들어 반려견에게 주는 장면이 나온다. 부부간의 이런 상황은 웃픈 현실이지만, 실제 이런 경청법을 '배우자 경청'이라고 한다. 가장 낮은 수준의 이러한 경청 방법은 '소 귀에 경 읽기', '동문서답', '벽에 대고 이야기하기' 등으로 표현되며, 대화는 하고 있지만 실제로는 서로의 말을 듣지 않는 경우다. 물론 모두가 그런 것은 아닐 것이다.

배우자 경청에서 조금 더 발전한 것이 수동적 경청인데, 말 자체에는 집중하지만 듣는 사람이 자신의 생각대로 해석하는 부정적 의미의 경청 방법을 말한다. 분명 듣고는 있지만, 리액션이나 공감의 표현이 없으면, 얘기하다가도 그야말로 답답함을 느끼지 않을까? 말하는 사람은 듣는 사람의 태도를 보며 대화의 의지가 없어지거나 맥락이 끊길 가능성이 높아진다.

반면 한 단계 더 발전한 적극적 경청도 있다. 메라비언의 법칙에서 말하듯이, 콘텐츠뿐만 아니라 상대방의 목소리에서 감정이나 느낌을 읽고, 제스처나 표정에서 공감할 수 있는 태도를 말한다. 상대방은 말을 하면서도 듣는 사람의 눈빛, 끄덕임, 손을 맞잡거나 박수를 치는것을 보고 탄성을 들으며 안심이 될 것이다. 적극적인 경청은 말하는 사람의 느낌, 감정, 생각 등을 이해하려고 노력하면서 듣는 태도를 의미한다. 이보다 더 발전한 것이 맥락적 경청인데, 이는 단지 말의 텍스트뿐 아니라 말이 나온 배경과 의도, 감정을 읽고 듣는 태도를 뜻한다.

말하는 것도 쉽지 않은 일이지만, 상대방의 얘기를 집중해서 듣는 경청에는 상당히 많은 집중력과 인내심, 그리고 에너지가 필요하다. 그래서 적극적 경청을 잘하기 위해서는 몇 가지 노력이 필요하다. 첫째로는 공감하기 위한 노력부터 시작해 보자. 상대방의 말을 평가하기보다는 의미를 헤아리기 위한 적극적인 경청 태도가 가장 중요하다.

둘째는 상대의 감정을 잘 헤아리고 이해하면서 확인해보는 것이다. 미러링 같은 방법도 유용하고, "당신은 이 문제에 대해서 이런 느낌이군요"라고 짚어주면서 공감하는 태도라면 더할 나위 없을 것이다. 셋째는 비판이나 평가를 자제하는 것이다. 만약 대화 중 "내가 그럴 줄 알았지", "항상 이런 식이야", "이런 문제가 있을 걸 몰랐다는 게 말이 돼?"와 같은 말을 듣는다면 할 말을 잃거나 대화가 싸움으로 번질 가능성도 있다.

리더십 이론을 많이 안다고 해서 좋은 리더십이 보장되지는 않는다. 의식적 인지 → 의도된 행동 → 예견된 결과라는 흐름처럼, 의식적인 노력과 행동이 반드시 필요하다. 이런 경청 방법에 대해 체계적으로 알지 못해도, 모르는 사람은 드물 것이다. 다만 의식적으로 생각하거나 행동하지 않기에, 듣는 것을 포기하고 자신의 말만 하게 되는 것이다.

누구나 경청의 긍정적 경험은 있을 것이다. 나의 고민을 어렵게 꺼내어 누군가가 들어주었던 기억을 떠올려 보면, 상대가 현명해서 방법을 제시해 준 경우도 있겠지만, 단순히 이야기를 들어주는 것만으로도 마음속의 짐이 덜어지는 기분을 느껴본 적이 있을 것이다. 구성원들은 자신의 말을 들어주는 리더를 필요로 하며, 그것은 너무도 당연한 일이다.

잠시만이라도 상대방의 눈을 바라보고, 마음을 열고 집중하여 들어보자. 우리 이야기를 진심으로 경청해주었던 누군가처럼 말이다. 우리가 다른 사람의 이야기를 들어주지 않는다면, 아무도 우리의 이야기에 귀를 기울이지 않는다는 사실도 명심해야 한다. 그래서 리더는 입보다 귀를 더 크게 열어두어야 한다.

세대가 달라도 경청에는 공통분모가 있다

기성세대가 되고, 소위 꼰대가 되어 가니 말이 통하지 않는다는 생각에 빠지곤 한다. 그래서 현재 같이 일하고 있고, 앞으로 함께하게 될 미래세대와의 차이점에 대해 자주 생각해 보게 된다. 세대 간에 중요하게 여기는 리더십 요소의 차이보다, 세대가 다르더라도 함께 공유할 만한 가치와 리더십 요소가 분명히 존재한다.

세대를 불문하고 원하는 리더십의 핵심 요건으로는 경청, 권한위임, 수시 피드백이 꼽힌다. 이상적인 리더십의 조건은 세대 간에 본질적으로 동일하나, 그 각각의 항목에 대한 이해와 실행 방식에는 분명 차이가 존재한다. 즉, 동상이몽의 함정에 빠지지 않으려면 서로의 입장을 이해하려는 노력이 필요하다. 특히 경청에 있어서

경청에 대한 각자의 생각

리더가 가장 먼저 인식해야 할 것은 '들어주는 것'이 아니라 '듣는 것'이다. 이 미묘한 차이에서 무의식적인 수직적 관계가 드러나기 쉽고, 이는 리너가 본래 해야 할 역할에 집중하는 데 방해가 된다.

말 그대로 들어주는 것이 아니라, 들어야 한다. 리더가 상하관계를 전제로 선심 쓰듯 들어주는 것이 아니라, 구성원의 말을 '들어야만 하는 책임'을 지닌 위치라는 점을 자각해야 한다. 또한 이는 단순히 귀로 듣는 것이 아니라, 진심으로 집중하여 듣는 경청이어야 하며, 상대방의 말과 행동에 주목하는 태도가 중요하다.

구성원들이 기대하는 경청의 방식은 단순한 반응이 아니라 실질적인 이해다. 내가 현재 어떤 상황에 처해 있는지, 어떤 자원과 정보가 필요한지를 제대로 알아봐 주는 것을 원한다. 마음을 읽지 못하는 리더의 경청은 결국 "배우자 경청" 못지않은 "꼰대 경청"이 되고 만다.

"여러분의 의견을 다 얘기하세요. 다 들어드리겠습니다. 그런데 제 결론은 이겁니다" 이처럼 이미 결론이 정해져 있는 상태에서 의견을 듣는 척하는 태도는 대표적인 꼰대식 경청이다. 직장생활의 단면을 유쾌하게 풍자한 장면이 떠오른다. "자, 오늘은 자기가 먹고 싶은 것을 각자 주문합시다. 가격은 신경 쓰지 마세요" "전 짜장면..." 이렇게 말하면 분위기가 싸해진다.

꼰대 경청을 피하려면 상대의 말뿐만 아니라 목소리, 표정, 눈빛에도 호기심을 갖고 집중해야 한다. 제대로 된 커뮤니케이션을 위해서는 듣는 내용에만 집중할 것이 아니라, 상대의 비언어적 표현과 감정의 뉘앙스까지 읽어내야 한다. 듣는 것만으로는 충분하지 않으며, 속마음을 읽어내는 리더가 진정한 경청을 실천하는 리더다.

직접 할 수 있도록 기회를 주고 기다려 주는 노력

"리더십이란 당신이 원하는 것을 다른 이들이 스스로 하게 만드는,

하나의 예술과 같다"는 말이 있다. 이는 내가 아닌 다른 사람들과 함께 일을 잘하게 만드는 것이 리더의 본질임을 의미하며, 그 과정에서 권한 위임이나 피드백의 활용이 중요해진다. 신뢰 구축이 조직 운영과 팀워크, 그리고 리더십의 작동 원리라면, 리더는 신뢰를 바탕으로 후배를 육성하고 팀워크 안에서 효과적으로 성과를 이끌어내는 방법을 찾아야 한다.

조직생활에서는 리더와 구성원 간의 소통 단절이나 불신이 종종 발생한다. 또한 서로의 필요를 채워주지 못한 채 엇갈리는 경우도 흔하다. 예컨대 리더는 "왜 일을 안 하지?", "이 정도 말했으면 알아서 하겠지?"라고 생각하는 반면, 구성원은 "왜 구체적으로 알려주지 않지?", "이게 의사결정인지? 어떻게 하라는 거지?"라는 의문을 품는다.

이처럼 동상이몽 속에서 일하는 조직은 의외로 많다. MZ세대가 아니더라도 상대적으로 경험이 적은 구성원들은 일을 통해 성장하기를 원하고, 그 가치에 부합하는 보상을 기대한다. 따라서 이들은 구체적인 방법과 명확한 방향성을 중시하며, 오히려 리더보다 실행의 명확성을 더 강하게 요구하는 경향이 있다.

리더 또한 혼자서 모든 일을 감당할 수 없으며, 그러해서도 안 된다. 좋은 방향성 하에 신속하게 의사결정을 내리고, 후배들이 성장할 수 있도록 돕는 것이 리더의 역할이다. 일정 수준의 역량과 의지를 갖춘 구성원이라면 적극적인 권한 위임이 가능하며, 이는 단순한 업무 분담 이상의 효과를 가져온다.

권한 위임은 구성원의 성장을 위한 수단이면서도 동시에 리더의 시간과 역량을 전략적으로 배분할 수 있게 해준다. 직접 모든 일을 하려는 부담에서 벗어나고, 우선순위에 따라 선택과 집중이 가능해지는 것이다. 구성원 입장에서도 이는 자신이 주도적으로 일할 수 있는 기회가 되며, 그 과정에서 자율성과 책임감을 함께 체험할 수 있다.

　하지만 권한 위임이 잘 되지 않는 이유도 존재한다. 리더가 결과에 대한 책임을 조정하지 못했을 때의 부담, 시간의 촉박함, 실패에 대한 두려움, 혹은 일이 잘 되었을 때 소외되는 감정 등이 방해 요인이 된다. 이로 인해 권한 위임이 아닌 '대리인 역할'만 맡기게 되는 경우가 많고, 이는 구성원이 리더의 의도만을 따르는 수동적 역할에 머물게 만든다.

　이러한 상황을 방지하기 위해서는 자율적 업무 수행이 가능하도록 과감한 권한 위임과 그에 맞는 코칭이 병행되어야 한다. 권한 위임을 제대로 하기 위해서는 세 가지 원칙을 지키는 것이 중요하다. 첫째, 업무의 목표나 배경에 대해 충분한 소통과 공감대가 있어야 한다. 둘째, 신뢰라는 이름 아래 무책임하게 맡기는 것이 아니라, 중간 점검과 지속적인 동기부여가 필요하다. 셋째, 권한 위임의 범위는 명확하게 구분되어야 한다. 일의 결과 책임, 인사나 평가, 자원 배분 등 리더의 고유 권한은 위임의 대상이 될 수 없다. 반면, 전략과 예산 안에서 팀 단위의 일상적인 업무나 새로운 시도에 대해서는 구성원이 자율적으로 수행할 수 있도록 위임하는 것이 바람직하다.

    권한 위임의 가장 큰 효과는 구성원 육성이다. 실수나 시행착오가 있더라도 리더는 개입보다는 인내하며 기다릴 줄 알아야 한다. 과도한 간섭보다는 진행 상황을 파악하고, 요청이 있을 때 코칭을 제공하는 방식이 더욱 효과적이다. 결과가 어떻든 발전이 있었다면 이를 지지하고 칭찬함으로써 구성원의 역량을 한층 끌어올릴 수 있다. 결국 최고의 리더란, 자신이 원하는 일을 해낼 수 있는 사람을 알아보는 안목과 그들이 스스로 일할 수 있도록 간섭하지 않는 자제력을 함께 갖춘 사람이다.

구성원이 생각하는
권한 위임과 피드백

안드로메다에서 온 사람처럼 느껴지는 우리 구성원들은 정말 외계인일까? 하는 생각을 한 번쯤은 해보았을 것이다. 왜냐하면 각기 다른 경험과 심리 상태를 갖고 있기에, 서로 다른 생각과 행동을 하게 되기 때문이다. 가령, 서울 시청이나 광화문을 떠올릴 때 어떤 세대는 2002년 월드컵을, 또 어떤 세대는 촛불 시위나 참여의 현장을 먼저 기억한다. 이는 각자의 경험치에 따라 세상을 해석하기 때문이며, 리더는 이를 전제로 구성원들의 마음을 읽기 위한 노력을 게을리해서는 안 된다.

    나와 상대방의 마음을 읽는 기술을 '독심술'이라 부르고, 그것을 바탕으로 조직의 성장을 이끄는 기술을 '연금술'이라 표현하기도 한다. 같은 단어와 가치를 보고도 세대에 따라 해석이나 접근 방식이 다르다는 사실은, 리더가 독심술과 연금술을 동시에 부려야 함을 시사한다. 그럼에도 불구하고, 세대를 불문하고 공통적으로 원하는 리더십의 기본 요건은 경청, 권한 위임, 수시 피드백이라는 점을 다시금 상기할 필요가 있다. 수평적인 조직문화의 핵심이 권한 위임이라는 주장 또한 점점 더 공감을 얻고 있다.

MZ세대를 포함한 젊은 구성원들은 여전히 조직 내에 수직적 문화가 강하다고 느끼며, 말뿐인 권한 위임에 회의적인 시각을 갖고 있는 경우가 많다. 이들이 원하는 권한 위임은 '심리적 임파워먼트'로 요약될 수 있다. 이는 단순히 일을 맡기는 것이 아니라, 주도적으로 업무를 수행할 수 있고 의사결정의 영향력을 갖고 있다는 심리적 확신을 함께 갖는 상태를 의미한다. 다시 말해, '권한을 준다'는 말보다는 '너를 믿는다'는 메시지가 진정한 임파워먼트로 이어져야 한다.

리더의 권한 위임은 '업무를 나누는 것'이 아니라 '신뢰를 전하는 것'이며, 그 신뢰를 구성원이 체감할 수 있어야 한다. 권한 위임이 잘 되면 구성원은 자신감과 자율성을 가지고 일에 몰입할 수 있고, 자신의 역할이 조직에 기여하고 있다는 만족감을 느낀다. 반면, 위임은 했으나 진정한 신뢰나 주도권이 없을 경우, 구성원은 대리인의 역할에 머무를 수밖에 없고 자율성은 퇴색된다. 리더는 심리적 임파워먼트를 통해 구성원의 역량과 주도성을 자극할 수 있어야 한다.

권한 위임에 대한 각자의 생각

피드백에 있어서도 세대 간 차이는 존재한다. 기성세대는 결과나 성과 위주의 피드백을 중시하는 경향이 있는 반면, MZ세대는 성장과 인정에 초점을 두는 피드백을 더 선호한다. 즉, 잘한 부분은 아낌없이 인정받고, 부족한 부분은 꾸중보다는 개선의 기회로 인식되기를 바란다. 구성원들은 '혼나는 느낌'보다는 '성장할 수 있는 계기'를 피드백에서 얻기를 기대하는 것이다.

또한 MZ세대는 즉각적이고 수시로 이루어지는 피드백을 원한다. 연간 또는 분기별 평가를 기다리는 것이 아니라, 업무 진행 중에도 지지와 격려를 받으며 자신의 방향을 점검하길 바란다. 구성원들이 '나는 지금 잘하고 있는가?'를 판단하기 위한 잣대로 피드백을 활용하는 만큼, 리더는 타이밍과 방식 모두에 신중해야 한다. 효과적인 피드백은 타이밍을 놓치지 않고, 구성원의 입장을 고려한 언어로 전해질 때 비로소 성장의 도구가 된다.

"저 사람은 왜 저렇게 받아들일까?", "도대체 저 속엔 뭐가 들어

피드백에 대한 각자의 생각

있는 거야?"라는 생각은 어느새 행동과 태도에도 영향을 미치게 된다. 상대의 내면 심리를 이해하지 못하면 갈등이 발생하고, 갈등은 곧 신뢰의 균열로 이어질 수 있다. 이런 갈등 요인을 줄이기 위해서는 구성원 각자의 다양성을 존중하고 소통을 통해 연결고리를 만들어야 한다. 이것이 리더의 중요한 역할이며, 구성원들의 팀워크를 촉진하는 출발점이 된다.

동일한 가치에 대해 서로 다른 해석이 있을 수 있지만, 그 본질은 바뀌지 않는다. 세대 간 관점 차이를 조율하고 공통의 본질적 가치로 연결시키는 것이 리더의 역할이다. 리더는 이러한 조율과 연결을 통해 단절이 아닌 공감의 문화를 조직 안에 정착시켜야 하며, 이를 위해 먼저 한 걸음 다가가는 태도를 갖추어야 한다.

칭찬과 질책의 레시피

리더의 모습이 때로는 조련사와 같은 강인한 트레이너로, 섬세하게 동기부여를 해주는 코치로, 혹은 스스로 답을 찾아가게 도와주는 멘토의 모습으로 나타나기도 한다. 이처럼 리더는 상황에 따라 다양한 얼굴을 하게 된다. 구성원들과의 관계에서 적절한 리더십을 발휘하기 위해서는 여러 가지 요건이 필요하겠지만, 무엇보다도 중요한 것은 신뢰 구축이다.

신뢰 구축의 출발점은 상대에 대한 이해이다. 이를 위한 대표적인 스킬로는 미러링Mirroring, 예스-셋Yes-set, 관찰Observation 을 들 수 있다. 칭찬이나 질책 또한 구성원에 대한 충분한 관찰이 전제되어야 설득력 있게 전달될 수 있으며, 이러한 관찰은 단순한 업무적 시각을 넘어선 인간적 관심과 애정, 그리고 호기심이 함께할 때 비로소 가능하다.

우리가 구성원을 제대로 관찰하지 못하는 데에는 몇 가지 장애 요인이 존재한다. 첫째는 '인지적 확증 편향' 혹은 '인지적 구두쇠'로, 자신이 보고 싶은 것만 보고 듣고 싶은 것만 듣는 무의식적인 성향이다. 이는 타인에게 충분한 관심을 두지 않거나, 자신의 틀로 상대를 해석하려는 경향에서 비롯된다. 둘째는 자신의 경험에 대한 과도한 확신으로 인해, 새로운 관점을 받아들이지 못하는 태도다. 셋째는 편견과 선입견이라는 '두 마리 개'가 마음속에 존재하여 관찰을 왜곡시킨다. 이들은 실제 경험하지 않은 것까지도 마치 확정된 사실처럼 판단하게 만드는 내부 소음의 근원이다. 이러한 장애 요인을 줄이기 위해서는 관찰 그 자체에 대한 태도를 점검할 필요가 있으며, 무엇보다 인간적 관심과 애정, 호기심이 선행되어야 한다. 다만 상대방과의 거리가 너무 가까워지면 감정이입으로 인해 객관성이 희미해질 수 있으므로, 적절한 심리적 거리감 역시 중요하다.

편견이나 선입견을 최소화하려면, 관찰 후 즉각적인 판단을 유보하고 시간을 두고 다시 보는 습관이 필요하다. '내 생각이 틀릴 수도 있다'는 가능성을 열어 두는 태도는 오류를 줄이고 신중한 판단을 가능하게 한다. 또한 관찰을 효과적으로 실천하는 가장 좋은 방법은 기록이다. '기록은 기억을 이긴다'는 말처럼, 흐릿한 기억보다 명확한 기록이 더 오래가며 신뢰할 수 있다.

공식 회의든 사적인 대화든, 리더가 중요한 내용을 기록해 두는 습관은 구성원에 대한 이해를 높이는 데 유익하다. 특히 주관적 해석보다는 객관적 데이터를 중심으로 기록하는 것이 중요하다. 가령 "많이 애썼다"는 모호한 표현보다는 "작년 대비 실적이 10% 증가했다"는 구체적 수치가 구성원에게도 더 신뢰를 준다. 이러한 기록은 구성원의 자기 객관화를 도울 수 있으며, 리더에게도 공정한 코칭의 기반이 된다.

한 리더는 술자리에서 구성원 면담에 대한 고민을 털어놓았다. 자기주장이 강하고 자기중심적인 구성원에게 피드백이 어렵다는 이야기였는데, 이럴 때 객관적인 기록은 효과적인 도구가 된다. 정량적 결과와 함께 구체적 행동 기반의 기록은 감정이 섞인 판단을 줄이고, 상호 간의 인식을 공유하는 수단으로 활용될 수 있다. 결과적으로 객관적인 관찰과 기록은 소통의 정확도를 높이는 핵심이 된다.

조직에 따라 다르겠지만, 공식적인 성과평가 외에도 정기적인 점검은 필수적이며 이를 위해서라도 객관적인 기록은 반드시 필요하다. 이는 리더와 구성원 모두에게 유익하며, 성과가 좋을 경우에는 칭찬과 격려로, 미진한 경우에는 문제점 분석과 개선 논의로 연결

될 수 있다. 이러한 과정을 통해 서로의 인식 차이를 좁히고, 팀워크를 저해하는 장애 요인을 줄이는 데 기여할 수 있다. 결국 관찰과 기록은 구성원의 성장을 돕고 조직 내 신뢰를 쌓는 데 있어서 가장 기본이자 강력한 리더십 도구이다.

칭찬과 질책의 황금비율

관찰과 기록을 통해 리더들은 구성원에게 다양한 피드백을 하게 되는데, 늘 지지적 피드백이나 칭찬만을 할 수는 없다. 필요하다면 쓴소리도 마다하지 않아야 한다. 질책은 부담스러울 수 있지만, 전혀 필요하지 않다고 생각하는 사람은 드물 것이다. 감정을 자극하거나 사기를 떨어뜨리는 등 부정적 결과만 가져오는 것이 아니라, 적절한 질책은 오히려 분명한 효과를 가져다준다.

네덜란드 암스테르담대학교의 한 연구 사례*에서는 학생들에게 8분 동안 감자의 다양한 활용 아이디어를 내라는 과제를 주었다. 이 실험에서 시간적 압박과 심리적 부담이 아이디어의 양은 물론 창의성과 융통성에서도 더 높은 평가를 이끌어냈다고 한다. 직접적인 질책이 아니더라도 적절한 긴장과 심리적 자극이 오히려 더 유연하고 창의적인 아이디어를 유도했다는 점에서 시사점이 크다.

---

* Stevenson, C., Smal, I., Baas, M., Grasman, R., & van der Maas, H. (2022). Putting GPT-3's creativity to the (alternative uses) test. Proceedings of the 13th International Conference on Computational Creativity: ICCC'22, Bozen-Bolzano, Italy, 27 June – 1 July (pp. 164-168)

이러한 결과를 통해 리더나 구성원 모두 질책의 필요성 자체는 어느 정도 공감하고 있음을 알 수 있다. 인기 영합이나 적당주의, 정에만 호소하는 리더보다는 칭찬과 질책을 적절히 사용하는 리더가 더욱 신뢰를 얻고 성장 기회를 제공하는 것이다. 다만 주의할 점은 질책이 사람 자체를 공격하거나, 준비되지 않은 상황에서 감정적으로 이루어질 경우 구성원에게 깊은 상처나 트라우마를 남길 수 있다는 점이다.

삼성경제연구소의 조사에 따르면, 질책에 대해 51.7%의 구성원이 '나를 성장시킬 수 있는 기회'로 인식하였고, 25%는 '조직을 강하게 만드는 요소'로 받아들였다. 질책이 터부시되어야 할 것만은 아니며, 오히려 건강한 질책이 필요하다는 긍정적인 시선을 엿볼 수 있다. 결국 피드백의 방식과 내용에 따라 구성원의 인식과 수용성은 달라지게 된다.

그렇다면 칭찬과 질책은 어떤 비율로 활용하는 것이 좋을까? 프로스펙트 이론에 따르면 사람은 손실보다 이득을 얻는 방식의 표현에 더 반응한다. 따라서 무조건적인 칭찬보다 '칭찬 2~3회 : 질책 1회'의 비율이 이론적으로 최적이라고 한다. 일명 로사다 비율[*]로 알려진 연구에서도 고성과 팀일수록 긍정적 피드백의 비중이 높으며, 중간 성과를 내는 팀 또한 칭찬의 비율이 높았다.

구체적인 숫자에 대한 절대적인 정답은 없지만, 중요한 것은 리

---

[*] Losada, M., & Heaphy, E. (2013, March). The role of positivity and connectivity in the performance of business teams. Harvard Business Review.

더가 부정적인 피드백보다는 긍정적인 피드백을 기본으로 삼아야 한다는 점이다. 그리고 피드백에는 '순서'도 중요하다. 먼저 칭찬을 하고 나중에 질책을 하면 칭찬의 기억이 쉽게 사라진다고 한다. 따라서 질책을 먼저 하고 이후에 칭찬이나 격려로 마무리하는 편이 인간관계 유지와 문제 행동 교정에 더 효과적이다.

상황에 따라 칭찬과 질책의 비율과 방식은 조정될 필요가 있다. 신입사원이라면 칭찬을 통해 먼저 분위기를 부드럽게 만든 후 개선점을 제시하고, 마지막엔 격려로 마무리하는 것이 효과적일 것이다. 중견사원은 칭찬과 질책을 혼합하여 적용하고, 간부나 시니어 구성원에게는 문제점을 중심으로 지적하되 마지막에 격려와 기대를 더하는 방식이 좋다.

당연히 신입일수록 칭찬과 긍정 피드백의 비율을 높이는 것이 효과적이며, 비율 그 자체보다도 중요한 것은 질책만 있어서는 안 된다는 점이다. 칭찬과 질책이 균형을 이루어야만 리더와 구성원 모두가 피드백의 필요성을 인식하고, 그것을 성장의 기회로 삼을 수 있기 때문이다.

무엇보다 중요한 것은 질책을 하더라도 구성원이 리더의 진심을 느낄 수 있도록 해야 한다는 점이다. 행동에 대한 질책은 필요하지만, 그 과정에서 사람 자체는 존중받는 존재로 느끼게 해야 하며, 그 진심은 반드시 전달된다. 동시에 누구나 칭찬을 원한다. 따라서 칭찬받고 싶다면 질책도 두려워하지 않는 자세를 함께 갖추는 것이 좋다.

질책을
주저하는 리더들

리더는 칭찬을 잘해야 하며, 자신이 잘못한 일이 있을 경우에는 쿨하게 사과할 필요도 있다. 반대로 구성원이 실수를 하거나 잘못한 일이 생겼을 때, 리더는 "어떻게 해야 할까?", "구성원을 꼭 꾸짖어야 하는가?"라는 고민이나 내면의 동요를 경험하게 된다. 과거의 리더들은 실수를 질책함으로써 반복을 줄이고, 더 열심히 하도록 유도하는 방식에 익숙했을 것이다. 실수가 반복되면 실력이 된다는 말도 있듯, 질책은 때로 기대를 내포한 리더의 방식이었을 수 있다.

그러나 구성원의 입장에서 이러한 상황이 좋을 리 없고, 질책하는 리더 역시 불편한 감정을 느끼게 되는 경우가 많다. 감정이 개입되면 기분이 상하고 마음이 불편해지기 쉬우며, 말하는 사람이나 듣는 사람 모두 정서적 피로감을 경험하게 된다. 질책은 곧잘 갈등으로 이어지며, 구성원들의 몰입도와 신뢰에도 영향을 줄 수 있다. 따라서 리더들이 질책을 망설이는 이유는 단지 감정 때문만은 아니다.

일본의 〈주간 다이아몬드〉에서는 리더가 부하를 질책할 수 있는가에 대해 설문조사를 진행한 적이 있다. 응답자의 51.7%는 구성원이 잘못해도 질책하지 못한다고 답했으며, 12%는 단 한 번도 부하를 지적한 적이 없다고 응답했다. 또한 64%의 리더가 질책에 어려움을 느낀다고 답변하였는데, 이는 단순한 대도의 문제가 아니라 조직 내 리더십 구조나 문화적 특성과도 관련이 있을 수 있다.

구성원 입장에서는 자주 질책을 받는다고 느끼고, 리더 입장에서는 질책을 잘 하지 못한다고 느끼는 것처럼, 이 문제는 인식 차이도 크다. 리더가 질책을 주저하는 이유로는 질책 이후에 관계가 어색해질 수 있다는 우려, 구성원이 스스로 하게 내버려두는 편이 낫다는 판단, 질책 자체의 효과에 대한 회의감, 혹은 좋은 리더라는 평판을 유지하고 싶은 마음 등이 포함된다. 질책은 단지 업무의 문제가 아니라 인간관계, 평판, 리더십의 내면적 불안과 연결되어 있음을 보여준다.

비슷한 결과는 국내에서도 나타난 바 있다. 마이크로엠브로밀이 실시한 조사에 따르면, 직장인 500명 중 49.8%의 리더만이 질책 경험이 있다고 응답했고, 절반이 넘는 50.2%는 질책을 하지 않는다고 답했다. 가장 큰 이유는 '질책해도 효과가 없다고 느껴서(97%)'였으며, '차라리 내가 직접 하는 게 더 편해서(78%)', '질책 방법을 몰라서(68%)', '구성원에게 잘 보이고 싶어서(40%)' 등의 응답이 뒤를 이었다.

이러한 결과는 리더가 느끼는 질책에 대한 심리적 부담이 상당함을 보여준다. 일부 리더는 '착한 리더 증후군'처럼 구성원에게 좋은 이미지를 유지하고자 질책을 회피하기도 하고, 실무 중심의 리더십이 증가하면서 질책보다는 스스로 해결하려는 경향이 강해지기도 한다. 그러나 가장 중요한 문제는 어떻게 질책해야 할지를 몰라 망설이는 경우가 많다는 것이다. 질책도 하나의 리더십 기술이며, 훈련과 연습이 필요하다는 점에서 우리는 다시금 피드백의 본질을 되짚어볼 필요가 있다.

우리는 스스로에게 질문해 보아야 한다. 나는 얼마나 자주 칭찬하고, 얼마나 자주 질책하는가? 내가 사용하는 칭찬과 질책의 방식은 구성원들의 행동을 실제로 변화시키고 있는가? 피드백의 본질은 말하는 것이 아니라 변화시키는 데 있다. 변화가 없다면, 방법을 달리해야 한다는 단순하지만 중요한 진리를 간과해서는 안 된다.

질책에 있어서 주의할 점은 명확하다. 잘못된 행동이나 일에 대해서만 지적하고, 사람 자체에 대한 공격으로 연결되지 않도록 주의해야 한다. 또한, 공개적인 자리에서 질책을 하면 수치심을 유발할 수 있으므로 개인적으로 전달하는 방식이 바람직하다. 질책 전에 이유를 묻는 과정을 거치면 감정을 배제하고 사실 중심의 피드백이 가능해진다.

칭찬은 즉각적으로 하는 것이 좋지만, 질책은 감정을 다스릴 시간이 필요하다. "때린 사람은 잊어도 맞은 사람은 기억한다"는 말처럼, 질책은 오래 남는 법이다. 그러므로 리더는 칭찬과 질책을 모두 다룰 줄 아는 기술자로서의 역량을 갖추어야 한다. 그것이 진정한 리더십의 일면일 것이다.

리더는 의사결정을 하는 사람

리더의 수많은 역할 중에서도 가장 중요한 일은 단연 의사결정이다. 소통을 하고 신뢰를 구축하며 수평적인 조직문화를 조성하는 것이 일의 기반이라면, 그 위에서 리더는 비전을 제시하고 전략을 수립하며 자원을 배분하고 목표를 향해 나아가는 데 있어 합리적인 결정을 내려야 한다. 의사결정은 리더십의 본질이자 조직을 이끄는 실질적인 수단이며, 단지 선택의 문제가 아니라 방향을 설정하는 중대한 행위다.

따라서 리더는 결단력과 책임감을 함께 갖춰야 하며, 결정이 두려운 순간에도 책임의 무게를 피하지 않고 짊어지는 법을 배워야 한다. 수많은 결정의 순간에 직면하면서, 결정만큼 중요한 것은 그 결과에 책임지는 태도다. 책임감 있는 리더는 실패의 원인을 외부로 돌리기보다 자신의 선택을 돌아보며 개선점을 찾는다. 이러한 자세는 일뿐 아니라 삶의 여러 측면에서 흔들림 없이 나아가게 한다.

"결정의 무게는 책임의 무게와 같다"는 말처럼, 리더의 성숙함은 선택의 순간보다 선택 이후의 태도에서 드러난다. 피터 드러커는 의사결정을 판단이라 정의하며, 올바른 것과 틀린 것 중 하나를 고르는 일이 아니라, 어느 쪽이 더 나은지 쉽게 말할 수 없는 대안 중에서 하나를 선택하는 일이라 했다. 결국 의사결정은 미래를 형성하는 실천의 출발점이며, 그 결과는 조직 전체에 깊은 영향을 미친다. 행동의 결과가 따르는 한, 그 결정은 가볍지 않다.

일상에서 리더의 의사결정 부재는 다양한 형태로 목격된다. "우리 리더는 결정을 못 해"라는 불만은 그리 드문 일이 아니다. 우유부단하거나 눈치를 보는 리더를 바라보며 구성원들이 좌절하거나 실망하는 일도 많다. 그래서 블라인드와 같은 플랫폼에서는 리더를 조롱하거나 무능하다고 평가하는 의견도 어렵지 않게 찾아볼 수 있다.

개인적으로는 사안의 배경이나 논의 내용을 미리 알고 있는 경우, 회의 전 70% 정도의 잠정적 판단을 세우는 습관이 있다. 나머지 30%는 회의에 참석한 이들의 다양한 의견이나 반대 근거를 들은 뒤 최종 판단을 내리는 여지로 남겨둔다. 흥미로운 것은 70%의 판단이 반드시 확률적 우위를 의미하는 것이 아니라, 조직의 다양한 관점과 아이디어를 수렴할 때 오히려 완성도가 높아진다는 점이다. 결정은 리더가 하지만, 모든 것을 혼자 짊어질 필요는 없다.

그렇다면 좋은 의사결정을 위한 리더의 원칙에는 어떤 것들이 있을까?

첫째, 의사결정은 '적시성'을 갖춰야 한다. 빠른 결정이 중요한 것이 아니라, 필요한 순간에 적확하게 내리는 결정이 진짜 리더십이다. 급하지 않더라도 중요하다면 일정한 시한을 정해두고, 의사결정을 지연시키는 요인을 분석하며 준비할 시간을 확보해야 한다. 만약 약속한 시점을 지키기 어려울 경우에는 단순히 미루는 대신, 고민의 포인트를 명확히 설명하고 합리적으로 시간을 조정하는 태도가 필요하다.

둘째, 객관적 데이터와 정보를 바탕으로 직감보다 근거를 중시하자. 어떤 연구에 따르면, 직관에 의존하지 않고 체계적 의사결정 프로세스를 따르는 경우 성과가 최대 6배 높게 나타났다고 한다. 의사결정에는 기준과 절차가 필요하며, 분석은 공통점과 차이점을 드러내는 과정이다. 단편적인 수치나 팩트만이 아니라, 그 안에 담긴 맥락을 읽는 것이 진정한 분석이다.

셋째, 개별 이익보다 전체를 보는 '큰 눈'을 갖자. 특정 결정을 두고 조직 내 갈등이 생길 때, 부서 간 이기주의가 본질일 때가 많다. 누군가는 이익을 보고, 누군가는 손해를 우려하기 때문에 논리보다 감정이 앞서는 논쟁이 생기기 쉽다. 이럴 때 리더는 통합적이고 전사적인 관점에서, 우리 모두의 이익이 되는가를 판단 기준으로 삼아야 한다.

넷째, 결정에 대한 책임은 반드시 리더가 지자. 책임은 잘못의 대가가 아니라, 결과에 대한 설명과 품질을 높이는 책임감 있는 자세를 의미한다. 기대에 미치지 못한 결과가 나오더라도 구성원에게 책임을 돌리지 않고, 과정과 결과에 대한 설명과 격려로 구성원을 이끌어야 한다. 리더는 실패의 원인을 따지는 데 머무르지 않고, 다음을 준비해야 한다.

다섯째, 결정 이후의 태도 또한 리더십의 일부이다. 실패에서 배우고, 다시 돌아보며 복기하는 개방성과 회고의 자세는 꼭 필요하다. 다양한 의견을 반영하고, 의사결정 과정에 구성원을 참여시키는 일 또한 리더의 덕목이다. 과거의 경험이 중요하더라도, 그 경험이 현재의 새로운 환경에 맞지 않을 수 있다는 점을 유념해야 하며, 트렌드를 읽는 감각도 리더에게 요구되는 자질이다. 말콤 글래드웰의 말처럼, 나이가 들고 직급이 높아질수록 자신이 내리는 판단을 과대평가하는 경향이 있다. "에이, 어떻게든 되겠지"라는 식의 막연한 자신감은 조직을 위태롭게 만든다. 리더의 경험은 자산이지만, 그 자산을 절대화하지 않도록 경계할 필요가 있다.

 마지막으로, 의사결정은 때로 고통을 수반한다. 풍랑 속 배에서는 짐을 고정해두지만, 태풍에 휘말리면 배의 안전을 위해 짐을 바다에 던져야 할 때도 있다. 리더의 의사결정도 마찬가지다. 평상시에는 원칙을 지키되, 위기 상황에서는 무엇을 버리고 무엇을 지켜야 할지를 분명히 알아야 한다. 선장이 배를 버리지 않듯, 리더는 마지막까지 책임지고 남는 존재여야 한다.

리더가 포기한 결정에
좋은 결과는 없다

우리의 일상은 겉보기에 아무것도 하지 않는 것처럼 보일지 몰라도, 사실은 크고 작은 수많은 의사결정으로 이루어져 있다. 아침에 어떤 옷을 입을지, 점심 식사는 무엇으로 할지, 커피를 뜨겁게 마실지 차갑게 마실지 같은 사소한 선택들도 모두 의사결정이다. 그런

데 정작 우리는 이러한 사소한 결정의 순간에 "아무거나"라는 말을 자주 사용한다.

이 "아무거나"라는 표현은 모든 것을 포용하고 다 괜찮다는 의미처럼 들릴 수 있지만, 실제로는 선택을 회피하거나 결정의 책임을 남에게 전가하려는 심리의 표현일 수 있다. 그래서 음식 주문 후 "누가 이거 시키자고 했어?" "나는 사실 아이스 라떼가 더 좋았는데…"라는 불평이 나오는 경우도 많다. 사소한 결정을 하지 않는 사람은 큰 결정 역시 주저할 가능성이 높다. 그런 점에서 리더라면 작은 선택부터 스스로 하는 습관을 길러야 한다.

리더는 의사결정을 해야 하는 자리다. 어느 방향으로 나아가야 할지 판단하지 못하는 리더를 신뢰하고 따르려는 구성원은 없다. 양 갈래 길 앞에서 운전대를 잡고도 "어디로 가야 하죠?"라고 묻기만 하는 운전자와 같은 리더는 결국 조직을 충돌의 위험으로 몰고 갈 것이다. 비 오는 고속도로를 와이퍼 없이 달리는 차에 누구도 오래 머물고 싶지 않은 것처럼 말이다.

따라서 리더에게는 선택하지 않을 권리는 없다. 의사결정은 때론 직관에 따라, 때론 충분한 데이터를 바탕으로 이뤄져야 하며, 어떤 방식이든 결정을 내리는 책임을 회피해서는 안 된다. "나를 따르라"는 리더의 말은 그 결정의 결과까지 책임진다는 전제가 깔려 있어야 한다. 반면 "나도 몰라, 아무거나"는 말은 "나는 책임지지 않겠다"는 선언이나 다름없다.

리더는 효율적으로 일하기 위해 빠른 결정을 내려야 하며, 이를 위한 훈련도 필요하다. 물론 "빠르게"보다 "바르게"가 더 중요하지만, 바른 길 안에서도 빠른 길은 항상 존재하기 마련이다. 특별한 상황적 변수가 없다면 결정을 미루는 우유부단함은 리더 개인은 물론 팀 전체에 치명적인 영향을 미칠 수 있다. 결국 리더십의 실천은 의도적 인식과 지속적인 노력을 통해서 가능해진다.

리더는 자신의 머릿속에 의사결정의 로직과 패턴을 구조화해두는 습관을 가져야 한다. 모든 선택과 결정이 옳을 수는 없지만, 아무것도 하지 않는 것이야말로 최악의 선택이다. 아무 행동도 하지 않은 결과는 대개 실패와 후회로 돌아오며, 무엇보다 주변 사람들의 신뢰를 잃고 조직의 이탈을 초래할 수 있다. 리더는 그 점을 늘 기억해야 한다.

지시하고 공유하고 변화하라

직장에서의 일은 무조건 적게 하는 것이 능사일까? 우리는 생계를 위해 정신적, 육체적 노동력을 제공하고 그 대가로 생활에 필요한 보상을 받는다. 그러나 생계를 넘어 일을 하는 데에는 또 다른 가치가 있을 것이다. 이것은 직장생활의 경험 속에서 일과 삶에 대한 고민 끝에 얻은 개인적인 결론이기도 하다.

우리가 일을 단순히 생계 수단으로만 바라보게 되면, 조직도 우리를 단순한 수단으로 대하게 된다. 사람은 노동을 통해 생산적인 삶을 살아가고, 그 과정에서 사회적 존재로 자리매김하며 자신이 이루고 싶은 것들을 만들어 갈 수 있는 기회를 얻는다. 그래서 일은 삶 그 자체와 연결되어야 하며, 자기실현의 통로이기도 하다.

직장에 입사할 때 체결하는 근로계약서와 같은 명시적 조건은 하드 컨트랙트Hard Contract라 할 수 있다. 반면, 계약서에는 없지만 '성실히 일하겠다', '조직을 위해 헌신하겠다'는 다짐은 소프트 컨트랙트Soft Contract로 볼 수 있다. 이것은 눈에 보이지 않는 약속이며, 조직생활에서 서로가 공유하는 묵시적 합의의 영역이다.

하지만 직장생활은 늘 순탄치 않다. 누군가에게 책임을 부여하거나 새로운 일을 맡기는 일은 결코 쉬운 일이 아니다. 특히 리더 입장에서 구성원들의 변화를 이끌어야 할 때, 하기 싫은 일을 설득해내는 일은 더욱 어렵다. 결국 리더는 "하고 싶은 일만 하게 하는 사람"이 아니라, "해야 할 일을 잘하도록 만드는 사람"이 되어야 한다.

리더의 역할은 변화관리자다. 비전을 세우고 공유하여 조직이 한 방향으로 나아가게 만들며, 구성원들의 성장과 발전을 돕는 인재 육성의 책임도 함께 진다. 무엇보다 솔선수범을 통해 긍정적인 영향력을 실천하는 태도가 요구된다. 이것이 리더의 기본적인 존재 방식이다.

우리 마음속에는 언제나 하고 싶지 않은 일을 피하고 싶은 충동이 존재한다. 이를 심리학에서는 활성적 관성, 즉 '타성'이라 부른다. 이는 개인이나 조직이 빠르게 변화하는 환경 속에서도 과거의 익숙한 방식에만 안주하려는 경향을 말한다. 이러한 타성을 깨기 위해서는 리더의 전략적인 접근이 필요하다.

하버드 비지니스 리뷰에서는 이런 상황에서의 두가지 실천 전략을 제시했다.[*]

첫 번째는 '문간에 발을 들여놓게 하는 전략'이다. 이는 처음부터 큰 부탁을 하지 않고, 작고 쉬운 부탁으로 시작하여 상대방이 자연스럽게 변화에 다가서도록 유도하는 방법이다. 이렇게 신뢰를 쌓고 나면 더 큰 부탁에도 흔쾌히 응할 확률이 높아진다. 작은 단계들의 성공이 모여 큰 변화를 이룬다는 점에서, 이 전략은 실제로 매우 효과적이다. 한 연구에서는 사람들은 작은 부탁에 응한 이후 자신이 그 상황의 일부라 느끼기 때문에 더 큰 요청도 받아들이는 경향이 있다고 분석했다. 따라서 리더는 작고 구체적인 행동을 함께 해보자는 방식으로 접근하는 것이 유리하다. "~한다면 어떨까?"와 같은 제안이 대표적이다.

두 번째 전략은 '눈앞에서 문을 닫는 방식'이다. 이는 처음에 부담스럽고 극단적인 요청을 먼저 한 뒤, 이후에 본래 하고 싶었던 작고 현실적인 부탁을 제시하는 방식이다. 거절의 경험을 통해 비교적 쉬운 제안을 받아들이게 만드는 심리적 효과를 활용하는 것이다. 이는 리더가 때로는 높은 기준을 제시함으로써 구성원이 자발적으로 현실적 과업을 받아들이게 하는 방식이다.

---

[*] Christensen, C. M., Hall, T., Dillon, K., & Duncan, D. S. (2016). Know your customers' "jobs to be done". Harvard Business Review, 94(9), 54 - 62.

이와 유사한 사례로 미국 미식축구팀 그린베이 패커스를 성공적으로 이끈 빈스 롬바르디 감독이 있다. 그가 팀을 맡기 전 이 팀은 1승 1무 10패라는 처참한 성적을 기록했다. 그러나 롬바르디 감독은 취임 후 선수들에게 강도 높은 훈련을 시키고, 경기장에서도 솔선수범하며 팀을 NFL 챔피언으로 다섯 차례 우승시키는 전설을 만들어냈다. 그가 강조한 것은 완벽한 경기력, 그리고 반복 훈련을 통한 탁월함이었다. 그는 "완벽이란 이룰 수 없는 일이다. 하지만 완벽을 추구하게 되면 탁월함에 도달하게 된다"는 명언을 남겼다. 리더는 구성원에게 완벽을 요구하기보다는, 그 방향으로 나아가도록 설득하고 이끌어야 한다. 그 과정에서 어떤 전략을 택할지는 리더의 스타일, 구성원의 성향, 조직문화에 따라 달라질 수 있다. 중요한 것은 구성원 누구나 때로는 원하지 않아도 해야 할 일이 있다는 사실을 인정하고, 그 부담을 리더가 함께 나누는 태도다.

리더는 훌륭한 정보 전달자이자 소통가

조직이나 리더의 권한은 대체로 인사, 자원, 정보라는 세 가지 요소에서 나온다고 생각한다. 인사에서 가장 중요한 권한은 평가를 포함한 인사권이며, 제한된 자원은 효율적으로 배분되어야 하고 이를 승인이라는 프로세스로 관리하게 된다. 그리고 마지막으로 인사나 자원만큼 중요한 것이 바로 정보이다. 일반적으로 리더는 경영진으로부터 오는 정보나 제도, 정책과 같은 내용을 먼저 접하게 되며, 외부 시장이나 소비자 등 환경 정보 역시 상대적으로 많이 보유하게 된다.

이러한 정보를 바탕으로 리더는 단지 혼자만 알고 있는 것이 아니라 구성원들에게 잘 전달하고 공감할 수 있도록 해야 한다. 리더의 위치에서 가지고 있는 정보는 권한의 상징일 수 있지만, 이를 효과적으로 나누고 설득하는 순간 권한은 책무로 바뀌게 된다.

정보 전달에 있어 하지 말아야 할 대표적인 사례가 하나 있다. 어느 회사의 평가 시스템은 1차 상사가 평가를 작성하고 2차 상사가 이를 조정하는 방식이었다. 그런데 1차 상사가 높게 준 평가가 2차 상사에 의해 낮게 수정되었고, 1차 상사는 해당 구성원에게 이렇게 말했다.

"나는 OOO 님이 일을 잘했다고 평가했는데, 2차 상사 OOO 님에게 찍혔나 봐" 이 한마디는 구성원들 사이에서 큰 충격과 불신을 낳았고, 조직 내에서 입소문을 타며 시끌벅적한 분위기를 만들었다. 리더라면 이러한 상황에서 자신의 책임을 피하거나 타인에게 전가하는 태도보다는, 상황을 납득시키고 설득하려는 태도를 보여야 한다. 설령 평가가 조정되었다 하더라도 구성원에게 책임 있는 설명을 하고, 불가피한 기준과 질차를 최대한 명확하게 전달하는 것이 리더의 역할이다.

이러한 소통에서 두 가지를 반드시 경계해야 한다. 첫째는 "나는 모른다, 위에서 시킨 대로 한다"는 식의 책임 회피형 소통이다. 이런 태도는 구성원들에게 리더가 무책임하고 존재감 없는 사람처럼 비춰지게 하며, 리더십의 신뢰 기반을 무너뜨릴 수 있다. 둘째는 최고 경영층의 얘기를 마치 자신의 의견인 것처럼 말하거나, 자신을 경영진과 동일시하는 방식이다. 이는 정보 전달을 자신의 위신을 높이기 위한 수단으로 사용하는 것으로, 리더의 겸손과는 거리가 먼 행위다.

리더는 경영진과 구성원 사이에서 정보를 매개하는 Linker의 역할을 수행해야 한다. 따라서 경영진의 메시지를 객관적인 사실에 기반하여 전달하고, 구성원의 의견과 감정 역시 왜곡 없이 경영진에 전달하는 중간자의 자세가 필요하다. 특히 정보를 독점하거나 공유하지 않는 리더는 이기적인 불통의 상징이 되며, 구성원과의 신뢰를 구축할 수 없다. 정보는 물처럼 흐를 때 비로소 가치를 갖게 되며, 권력이 아닌 소통의 수단으로 사용되어야 한다.

정보를 소통할 때 리더가 신경 써야 할 점은 명확성과 구조화이다. 전달할 정보가 많을 경우, 사전에 메모나 정리를 통해 핵심 내용을 정리하고 전달해야 하며, 횡설수설하거나 논지가 모호하면 구성원이 오히려 혼란스러워진다. 특히 중요한 정보일수록 배경과 취지, 그리고 왜 이런 정보가 필요한지를 함께 설명해 주는 것이 설득력을 높이는 데 도움이 된다. 리더가 명확하게 설명하지 못하면 정보는 흘러가지 않고 고여버린다.

이후에는 전달 방식도 고민해야 한다. 메일, 메신저, 1:1 대화, 전체 회의 등 어떤 채널을 활용할지 내용을 고려해 선택해야 한다. 단순히 어떤 내용을 말하느냐보다, 어떻게 전달하느냐가 소통의 성패를 좌우하기 때문이다. 소통 방식은 아젠다AGENDA에 맞춰 전략적으로 선택되어야 하며, 구성원이 해당 정보에 몰입하고 반응할 수 있도록 설계되어야 한다.

소통이 끝났다면 공감이 이루어졌는지를 반드시 확인해야 한다. "메일 보냈어요"는 소통이 아니라 단순한 전달일 뿐이며, 리더는 정보가 전달되었는지를 넘어서 구성원이 그 의미를 정확히 이해했는지, 궁금한 점은 없는지를 확인하는 절차를 생략해서는 안 된다. 일방적인 전달은 오히려 오해를 낳고 신뢰를 깎아내리기 때문에 리더의 소통은 항상 쌍방향이어야 한다.

리더는 많은 정보를 보유하고 있을 뿐 아니라, 없으면 만들어내야 한다. 이는 방향을 제시하고 구성원을 성장시키기 위한 필수 조건이기 때문이다. 그렇기에 리더는 뛰어난 정보 전달자이자, 좋은 소통가가 되어야 한다. 구성원의 신뢰를 얻고, 공동의 목표를 향해 나아가기 위한 첫걸음은 바로 정보의 흐름에서부터 시작된다는 사실을 잊지 말아야 한다.

성과 있는 팀의 비결

훌륭한 리더는 본인의 훌륭함으로 성공하는 것이 아니라, 타인의 훌륭함을 이끌어내기 때문에 성공한다고들 말한다. 리더십의 유형이나 스타일도 중요하지만, 리더가 가진 인간적인 매력은 구성원에게 긍정적인 영향력을 주는 데 큰 도움이 된다. 사람을 끌어당기는 힘, 곧 매력은 강제적 영향력이 아닌 자발적인 신뢰에서 비롯되며, 우리는 그러한 끌림 속에서 서로에게 좋은 영향을 주고받는다.

이러한 상호 영향력은 '팀'이라는 공동체 안에서 더욱 뚜렷하게 나타난다. Follower 없는 Leader는 존재할 수 없고, Team보다 위대한 Player도 없다는 전제에서 출발해야 한다. 우리는 '팀'이라는 단어를 들을 때 가장 먼저 '팀워크Teamwork'와 '드림팀Dream Team'이라는 두 용어를 떠올리곤 한다. 이 두 개념은 리더십과 조직문화에 있어 시사하는 바가 크다.

우선 팀워크란, 팀 구성원들이 공동의 목표를 향해 각자의 역할에 충실하며 협력적으로 행동하는 것을 말한다. 이 정의 속에는 세 가지 핵심 요소가 내포되어 있다. 첫 번째는 공동의 목표가 있다는 점이다. 각자의 목표가 따로 있는 것이 아니라, 모두가 함께 이루어야 할 공동의 목표가 존재해야 팀이 성립된다.

두 번째는 역할과 책임이다. 팀에는 공식적인 역할(Functional Role)뿐 아니라 비공식적인 팀 역할(Team Role)도 존재하며, 구성원은 이를 자각하고 행동해야 한다. 세 번째는 협력의 정신이다. 리더와 구성원 간, 또 구성원 상호 간 인간적인 유대감을 바탕으로 응집력 있는 팀을 만드는 것이 바로 팀워크의 완성이다. 결국 팀워크란 이 세 가지 요소가 유기적으로 작동할 때 완성된다.

다음으로 드림팀에 대한 이야기로 넘어가 보자. 1992년 미국 농구 국가대표팀이 NBA 스타들로 구성되어 압도적인 실력으로 올림픽을 제패한 이래로, '드림팀'이라는 용어는 이상적인 최강의 팀을 상징하게 되었다. 이 드림팀의 성공에는 단순히 개인 능력 외에도 팀으로서 갖춰야 할 중요한 요건들이 존재한다.

이른바 DREAM 모델*로 불리는 이 다섯 가지 요건은 다음과 같다.

첫째, Direction(방향성)은 팀과 개인의 목표를 정렬하고 공유하는 과정이다.

둘째, Relationship(관계)은 정서적 신뢰를 바탕으로 한 개방적이고 진실된 관계를 의미한다.

셋째, Execution(실행력)은 지식과 정보 공유, 그리고 팀 내외 협력을 통해 목표를 실현하는 실행 역량이다.

넷째, Arrangement(역할 정렬)는 효과적인 역할 분담과 조정을 통해 시너지를 만드는 것이다.

마지막으로 다섯째, Management(업무 관리)는 수행과정을 촉진하고 결과를 인정하는 과정을 포함한다. 이 다섯 가지 요건이 균형 있게 작동할 때, 팀은 드림팀으로 거듭나고 구성원 역시 개인의 성장까지 함께 경험하게 된다. 그러나 실제 조직에서는 모두가 같은 생각을 하고 있지 않다는 점에서 갈등이 발생하기 마련이다. 겉으로는 같은 방향을 향해 나아가는 듯 보이지만, 속으로는 서로 다른 생각을 하는 동상이몽이 곳곳에서 나타난다. 이러한 인식의 차이는 리더와 구성원 사이, 구성원 간 오해와 불신으로 번지며 팀워크를 해치고 몰입을 저해하게 된다. 따라서 리더는 팀워크가 무너지지 않도록 인식의 차이를 좁히기 위한 소통에 더욱 힘써야 한다. 갈등을 제거하고, 구성원이 '팀으로서' 일할 수 있도록 유도하는 것이 리

---

* Snow, S. (2018). Dream teams: Working together without falling apart. Portfolio/Penguin.

더의 중요한 책무다. 이 과정은 상대방을 이해하고, 다양성을 존중하는 태도에서 출발해야 한다. 수직적 지시가 아닌 수평적 이해가 팀워크를 강화하는 핵심이다.

마지막으로, 후배들에게 사람이 갖추어야 할 태도를 되묻고 싶을 때, 나는 이런 질문을 자주 던지곤 한다. 단지 실력만 있는 사람으로는 팀을 구성할 수 없고, 분위기만 맞추는 사람만으로도 팀을 꾸릴 수 없다. 냉정하게 다른 사람을 평가하듯, 자기 자신이 팀에서 어떤 사람인지 객관화할 수 있어야 한다.

"만약, 누군가에게 어떤 목표를 위한 팀을 구성할 권한이 주어진다면 나는 과연 '같이 일하고 싶은 사람'일까?" 이 질문은 우리 자신에 대한 솔직한 평가이자, 팀에서 내가 어떤 존재로 인식되고 있는지 되돌아보는 출발점이 될 것이다. 만약 조직이나 사회에서 나 자신의 성장에만 집중하고, 팀의 역할을 다하지 않는다면, 드림팀의 일원이 되리라는 기대는 허상에 불과하다.

리더는 드림팀에 들어가기를 바라기보다, 자신이 속한 팀을 드림팀으로 만들기 위해 도전해야 한다. 누구나 이상적인 팀을 꿈꾸지만, 정작 지금 있는 팀에 애정을 갖고 변화시키려는 사람은 많지 않다. 그렇기에 내가 있는 자리, 지금의 팀을 드림팀으로 만들겠다는 의식이 리더십의 본질이며, 그것이 진정한 드림팀의 출발점이 될 것이다.

심리적
안전감의 힘

드림팀이라면 구성원 개개인의 뛰어난 실력도 중요하지만, 궁극적으로는 팀 내에서의 원활한 소통과 협업을 통해 각자의 역량을 합친 것보다 더 큰 팀의 역량을 창출하는 것이 핵심이다. 그리고 이러한 팀이 성과를 내기 위한 첫 번째 조건은 바로 '심리적 안전감'이 조성되어 있는지 여부다. 아무리 능력 있는 팀원들이 있어도 심리적 안전감이 부족하면, 구성원들은 자신의 이미지에 대한 리스크를 먼저 떠올리게 되고, 맡은 일에 대한 책임감이나 완결성이 떨어질 수밖에 없다. 심리적 안전감이 작동하지 않는 가장 큰 이유는 결국 우리가 자신을 방어하려는 데 집중하게 되기 때문이다.

즉, 단순히 팀의 분위기가 좋아 보인다고 해서 심리적으로 안전하다고 착각해서는 안 된다. 구성원이 스스로 '나는 무지한 사람처럼 보일까?', '무능력한 사람으로 평가받지 않을까?', '부정적인 사람으로 낙인찍히지 않을까?'와 같은 생각부터 하게 된다면, 심리적 안전감은 이미 작동하지 않는 상태라 할 수 있다. 이러한 점에서 조직문화는 리더와 구성원이 함께 만들어가는 공동의 노력의 산물이어야 한다. 누구 하나만 바뀐다고 해결되는 일이 아닌 것이다.

직장 내에서 심리적 안전감을 저해하는 요인은 대표적으로 세 가지 이미지 리스크에서 비롯된다. 첫째는 '무지'의 이미지다. 질문하거나 정보를 구하려 할 때 "이것도 몰라?"라는 말을 들을까 봐 주저하게 되며, 이로 인해 구성원은 자신의 무지를 드러내지 않으려 한다. 둘째는 '무능'의 이미지다. 실수하거나 도움을 요청했을 때 실력이 없다고 평가받거나 부정적인 평판을 들을까 우려하는 경우다. 셋째는 '부정'의 이미지인데, 다른 사람이나 이슈에 대해 부정적인 의견을 내는 순간 나만 반대하는 사람처럼 보일까 봐 의견 제시를 망설이게 되는 상황이다.

이러한 이미지 리스크를 줄이기 위해 리더는 수평적 커뮤니케이션 이상으로 더 많은 노력을 기울여야 한다. 새로운 시도는 누구에게나 용기가 필요한 일이며, 리더가 먼저 이러한 시도의 모범이 되어야 한다. 예를 들어 리더가 실수를 했을 때 그것을 감추지 않고 드러내는 용기를 보일 수 있다. "이 부분은 제가 놓친 것 같습니다. 다음에는 제가 실수하지 않도록 잘 살펴봐 주세요"와 같은 말은 구성원에게 신뢰와 안심을 제공한다.

또한 리더가 자신의 부족함이나 취약한 영역을 인정하고 팀원에게 도움을 요청하는 태도도 큰 의미가 있다. 누구도 완벽하지 않다는 것을 보여주는 것이 곧 팀 내 심리적 안전감을 형성하는 기반이 된다. 실수나 잘못을 쿨하게 인정하고 사과할 줄 아는 리더의 모습은 구성원들에게 '이곳은 실수해도 되는 곳', '질문해도 괜찮은 곳'이라는 메시지를 준다. 결국 팀의 분위기를 좌우하는 것은 리더의 말과 행동에서 비롯되는 것이다.

하버드대학교의 애이미 애드먼슨 교수는 이러한 심리적 안전감

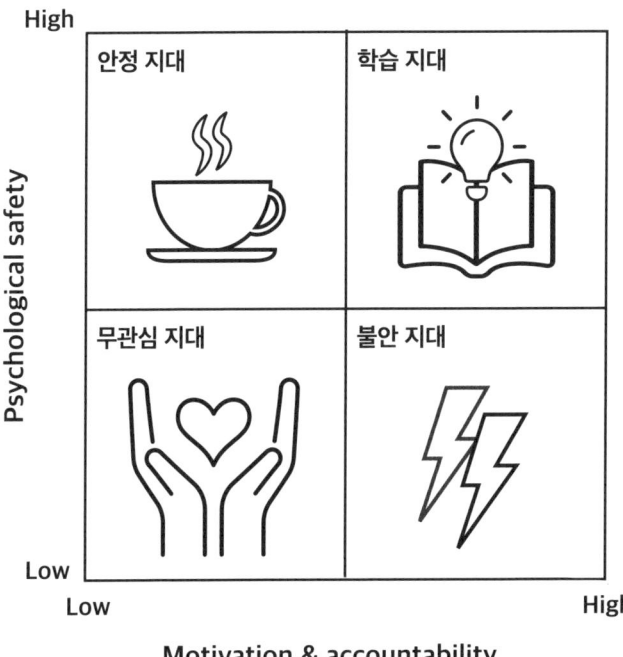

심리적 안전감의 4가지 영역

의 상태를 네 가지 지대로 구분*하였다.

안전감과 책임감이 모두 낮은 곳은 '무관심 지대'이며, 열심히 일하지만 도전은 없는 '불안 지대'가 있다. 심리적 안전감은 있지만 책임감이 부족한 경우는 '안정 지대'이며, 마지막으로 두 가지가 모두 높은 상태를 '학습 지대'라 부른다. 학습 지대에 속한 팀은 실수를

---

* Edmondson, A. C. (2018). The fearless organization: Creating psychological safety in the workplace for learning, innovation, and growth. John Wiley & Sons.

두려워하지 않으며, 적극적으로 의견을 제시하고 실수에서 배우는 문화를 가진다.

완벽한 리더는 존재하지 않으며, 리더 역시 자신의 역할을 통해 성장해 나가는 존재다. 보수적인 조직문화 속에서 체면이나 권위를 지나치게 의식한다면, 리더 본인 스스로 심리적 안전감을 조성하지 못하게 되는 역설적인 상황에 빠질 수 있다. 팀 내에서 새로운 것을 시도해보려는 문화가 자리 잡기 위해서는, 리더부터 겸허한 자세로 배우고자 하는 태도를 가져야 한다. 최고의 리더가 되려는 집착보다 '최선을 다하는 리더'가 되는 것이 더 필요하다.

심리적 안전감을 기반으로 한 조직문화를 만들기 위해서는 리더가 먼저 성장형 마인드셋을 갖고 생각과 행동을 바꿔나가야 한다. 이는 단순한 태도의 문제가 아니라, 팀 전체의 문화와 성과를 결정 짓는 중요한 전환점이 될 수 있다. 결국 변화는 리더가 먼저 실천할 때, 구성원들의 자발적인 참여와 공감으로 확산되는 법이다.

회식만 하면 팀워크가 좋아질까?

회식 자리에 대한 사람들의 생각은 매우 다양하다. 좋아하는 사람들도 있지만, 회식 자체가 불편하여 가능한 피하고 싶은 사람들도 점점 늘고 있는 추세다. 이는 연령대나 성별에 따라, 각 세대가 겪어

온 경험과 문화의 차이에 따라 입장과 태도가 달라질 수 있다.

우선 회식을 하는 이유는 단순히 배가 고프거나, 책정된 예산을 소진하기 위해서가 아니다. 본질적으로는 허심탄회한 소통을 위한 자리를 만드는 것이 회식의 가장 근본적인 목적일 것이다. 그러나 회식을 싫어하는 사람들의 공통된 이유는 단지 음주에 대한 부담이나 갑작스러운 일정, 사적인 이야기를 나누어야 한다는 부담감만은 아니다. 어쩌면 더 본질적인 이유는, 회식 자리에 허심탄회한 소통이 존재하지 않기 때문에 그것을 피하고 싶어지는 것이다.

회식을 하는 가장 큰 이유는 조직이나 팀 내에서 허심탄회한 대화와 인간적인 이해를 나누고, 그로 인해 집단의 유대감을 높이기 위함이다. 이러한 인간적인 유대감은 조직의 집단 응집력을 강화시키는 핵심 요소가 된다. 팀워크 역시 이와 관련하여 두 가지 차원으로 나누어 이해할 수 있다. 하나는 인간적인 유대감, 또 하나는 업무적 활성화다.

첫 번째, 인간적인 유대감은 앞서 언급했듯이 집단 응집성을 높여주는 방향의 팀워크다. 두 번째는 업무적 활성화로, 이는 각자가 맡은 공식적인 업무 외에 팀 내에서 수행하는 비공식적인 역할까지 포함된다. 이 두 가지가 모두 균형 있게 작동할 때 팀워크는 효과를 발휘할 수 있다. 우리가 말하는 회식은 후자보다는 전자, 즉 인간적인 유대감을 형성하고 집단 응집력을 높이는 데 초점이 맞춰져 있는 활동이라 할 수 있다.

그렇다면 팀의 인간적인 유대감은 성과에 어떤 영향을 줄까?

이에 대해 서울대학교 박원우 교수의 연구[*]는 중요한 시사점을 제공한다. 이 연구에 따르면 인간적인 유대감은 구성원이 스스로 체감하는 '인지된 성과'와 유의한 상관관계를 갖는다. 목표에 미치지 못하더라도 "우리 팀이니까 이 정도는 충분히 잘한 거야"라고 느끼는 태도, 또는 "이 정도 상황에서 이렇게 해낸 것만으로도 잘한 거지"라는 인식이 바로 그 예다.

한편, '실제 성과'는 그러한 주관적인 인식이 배제된 정량적 결과로 평가된다. 박 교수의 연구 결과는 인간적인 유대감이 인지된 성과에, 업무적 활성화는 실제 성과에 더 유의미한 영향을 미친다는 것을 보여준다. 이는 단지 분위기 좋은 팀이 아니라, 인간적 유대와 실질적 실행력이 균형을 이룰 때 진정한 고성과 팀이 가능하다는 것을 시사한다.

그렇다면 성과에 직접적인 영향을 주는 정도가 유의하지 못한 상관성을 갖고 있다고 해서, 이른바 '회식 무용론'이 맞는 주장인지는 의문이 든다. 팀워크가 발현되기 위해서는 업무적 활성화가 제대로 작동해야 하고, 인간적인 유대감이나 팀 내 구성원 간의 다양성에 대한 이해가 바탕이 되어야 하기 때문이다. 따라서 리더는 회식의 본질과 인간적 유대감에 집중하여 회식 문화를 건전하게 조성할 필요가 있다.

회식 자체가 팀의 성과를 직접적으로 높이지는 않지만, 인간적인

---

[*] Park, W., & Kim, S. (2012). Team learning and creativity: The roles of exploitation and team cohesiveness. Journal of Organizational Psychology, 12(4), 70 - 80

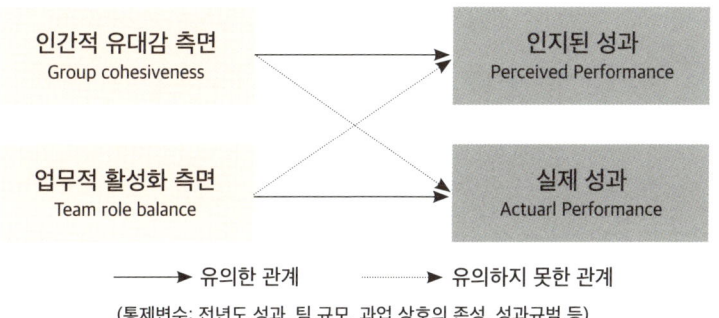

팀워크와 성과 증진의 새로운 방법

유대감을 바탕으로 팀 활성화의 기초가 된다면 충분히 의미 있는 시도라 할 수 있다. 그 의미에서 우리는 회식을 단순한 '음주 모임'이 아닌, 시대에 맞는 형태로, 상대방을 배려하는 방식으로 인식하고 전환해 나가야 한다. 실제로 이러한 결함을 극복하고자 많은 리더들과 구성원들이 다양한 방식으로 노력하는 사례들도 많이 목격된다.

예를 들어 회식 일정을 미리 합의하거나, 음주 중심의 회식이 아닌 공연 관람, 스포츠 활동 등 구성원들이 함께 즐길 수 있는 방식으로 회식을 전환하고 있는 모습도 자주 관찰된다. 술을 마셔야만 회식이라는 인식을 넘어서야 하며, 회식의 본질을 생각하며 누구나 기꺼이 참여할 수 있는 자리가 되도록 현실적인 몇 가지 제안을 고려해 볼 필요가 있다.

첫째, 회식은 미리 구성원들과 협의하여 일정을 정하는 것이 바람직하다. 갑작스럽고 일방적인 회식은 누구도 반기지 않으며, 팀 내부에서 일정 합의에 대한 기본적인 룰을 정해두고, 예외적인 상황에는 포용과 유연함이 필요하다. 구성원들의 자율성과 선택권이 존중되어야 회식도 의미를 갖는다.

둘째, 가능한 음주 일색의 회식은 지양하고, 가급적 1차로 간단히 마무리하는 것이 좋다. 대부분의 회식 관련 사고는 음주에서 비롯되며, 말실수나 폭언, 음주운전, 성희롱 등 다양한 리스크가 발생할 수 있다. 적정한 음주는 대화를 부드럽게 만들 수 있지만, 그 이상의 음주는 반드시 피해야 할 실수로 이어지기 쉽다.

셋째, 회식 자리에서 리더는 질문하고 듣는 역할에 충실해야 한다. 소통의 본질은 말의 점유율이 아니라 주제의 주도권에 있으며, 리더가 마이크를 잡고 긴 연설을 하는 것보다 구성원의 말을 이끌어내고 경청하는 태도가 훨씬 효과적이다. 구성원들의 어색한 끄덕임은 공감이 아닌, 그만하라는 신호일 수 있다는 점을 유념할 필요가 있다.

넷째, 회식 자리에서 모든 문제를 해결하려 들기보다는 1:1의 상황에서 필요한 역할을 다하는 것이 중요하다. 회식은 감성 리더십에서 말하는 1:多의 상황이 대부분이므로 개별적인 배려나 섬세한 관심이 작동하기 어렵다. 회식은 팀 내 이해와 연대를 위한 자리고, 개별적 이슈나 고민은 별도의 1:1 대화를 통해 접근하는 것이 바람직하다.

다섯째, 스스로를 서열 동물로 전락시키지 않는 것이 중요하다. 술병을 따르고, 신발을 챙기고, 차 문을 여는 등의 불필요한 행동은 서열화를 강화시킬 뿐이며, 리더는 자신의 권한이나 위치를 사유화하지 않도록 경계해야 한다. 우리는 모두 소중한 존재이며, 리더는 권위가 아닌 역할을 수행하는 사람임을 잊지 말아야 한다.

   회식이 업무의 연장선이냐는 질문은 여전히 답하기 어렵다. 다만 나는 회식이 필요하다고 믿는 사람 중 하나이고, 회식이 본연의 기능을 상실하지 않도록 보다 성숙한 문화와 리더의 배려가 필요하다고 생각한다. 회식이 팀워크를 보장하지는 않지만, 회식의 본질과 팀 성과의 연결 지점을 고민하는 태도가 지금 우리에게는 더욱 절실하다.

팀워크를
인수 분해해 본다면

필자가 팀워크 워크숍에 Belbin 모형*을 인용하여 적용해 본 경험은 매우 유익한 시간이었다. 과거의 조직체계는 수직적이고 피라미드형이었으며, 이러한 구조 속의 구성원들은 통제의 영향을 받는 종업원의 역할에 머물렀다. 반면 최근의 조직체계는 원형에 가까운 형태로 운영되며, 구성원들은 자율과 몰입의 영향을 받는다. 따라서 단순한 직원을 넘어서 사업가적 마인드를 요구받는 시대가 된 것이다.

   이러한 배경 아래에서 팀워크의 구성요소를 세 가지로 정리할 수

---

* Belbin, R. M. (1981). Management teams: Why they succeed or fail. Heinemann.

있다. 첫째는 개인별 업무역량이며, 둘째는 업무적 활성화, 셋째는 인간적 유대감(집단 응집성)이다. 개인별 업무역량은 주어진 업무 그 자체에 집중하는 것으로 팀워크보다는 Taskwork에 가까운 개념이다. 반면 업무적 활성화는 공식적인 직무와 무관하게 구성원이 자발적으로 발휘하는 비공식적인 팀 역할을 의미한다.

조직이 집단으로 존재하는 본질적 이유 중 하나는 시너지를 통해 개인의 능력 이상을 발휘하는 데 있으며, 조직적 행동의 결과가 개인 역량의 합보다 낮게 나타나는 경우는 팀워크 부재에서 비롯된다. 이런 맥락에서 팀워크를 통한 시너지는 조직의 성과와 성장에 반드시 필요한 요건이 된다. 우리는 결국 혼자 일하는 것보다 함께 일할 때 더 큰 힘을 발휘할 수 있기에 조직을 구성하고 팀을 만드는 것이다.

팀워크를 통해 성과를 만들기 위해서는 인간적 유대감을 통해 조직의 집단 응집력을 키우고, 업무적 활성화를 통해 구성원들이 비공식적인 팀 역할을 자발적으로 수행하도록 도와야 한다. 팀워크란 각자의 고유한 역할이 더해져 전체가 하나로 움직이게 만드는 힘이며, 이것이 잘 작동될 때 팀은 최고의 퍼포먼스를 발휘할 수 있다.

Belbin의 연구는 팀의 성공에 가장 큰 영향을 미치는 결정적인 요인은 구성원 간의 상호작용에 있다는 결론을 도출했다. 단순히 개개인의 뛰어난 역량이 아니라, 공동의 목표를 향해 상호작용이 가능한 균형 잡힌 팀을 구성하는 것이 성공의 핵심이었다. Belbin은 이를 입증하기 위해 경영 시뮬레이션 게임을 활용했고, 초기에는 높은 지능을 가진 팀이 더 성공할 것이라는 가설을 세웠지만, 연구 결과 팀의 균형이 더 중요한 요인으로 밝혀졌다.

Belbin은 9가지 팀 역할 유형을 제시하였고, 이는 팀워크의 핵심이 다양성과 조화에 있다는 점을 실증적으로 뒷받침한다. 구성원 각자가 서로 다른 행동 유형과 강점을 지니고 있기 때문에, 이들을 퍼즐 조각처럼 맞춰가는 과정이 필요하다. 팀 성과는 이러한 조화를 어떻게 잘 이끌어내는가에 달려 있으며, 팀 리더는 이러한 역할의 조화를 촉진할 수 있는 환경을 조성해야 한다.

유형	내용	각 유형의 약점
창조자 (Plant)	창조적이며 상상력이 풍부함 관습에 얽매이지 않아 어려운 문제를 잘 해결함	작은 일을 무시하고, 효과적 의사소통에 너무 집착함
자원 탐색가 (Resource Investigator)	외향적이고, 열정적이며, 말하기를 좋아하여 기회를 발굴/탐색하고 친교를 잘함	긍정적이지만, 초기 열정이 사라지면 관심을 잃어버림
지휘/조절자 (Coordinator)	성숙하고 자신감에 넘치는 지도자, 목표 수립과 의사결정, 그리고 위임을 잘함	조직과 사람을 교묘히 다루는 것으로 보일 수 있으며, 개인적인 일까지도 위임함
추진자 (Shaper)	도전적이고 활기에 넘치고 곤경 속에서 번성함 장애를 극복하는 추진력과 용기를 지님	남을 자극하고, 사람의 감정을 상하게 할 수 있음
냉철판단자 (Monitor evaluator)	냉정하고 전략적이며, 총명하여 모든 안을 살피고 정확히 판단함	남을 고취시키는 추진력과 능력이 부족하고, 너무 비판적임

분위기 조성자 (Team worker)	협력적이고 온화하며 남을 잘 이해하는 등 외교적임 경청하고 마찰을 피하며 조직을 평온하게 함 엄격하고 신뢰성이 있으며 보수적으로 능률적임	결정적인 상황에서 결단력이 없고, 쉽게 영향을 받음
실행자 (Implementer)	아이디어를 실행에 잘 옮김 근면, 성실하고 매우 열심이어서	탄력적으로 움직이지 못하고, 새로운 가능성에 대한 대응이 늦음
완결자 (Completer)	실수를 찾아내고 제 시간에 일을 이룩해 냄 한 가지 일에 전념하고 헌신적임	걱정을 많이 하고, 쉽사리 위임하지 않으며, 자질구레한 것에도 간섭
전문가 (Specialist)	전문분야의 지식과 기능을 잘 제공함	좁은 분야의 기술적인 내용에 치중하여 큰 그림을 놓침

Belbin의 9가지 팀 역할 유형

팀의 다양성과 조화를 이해하기 위한 여러 도구들이 활용되어 왔다. 과거에는 DISC 검사를 통해 구성원의 업무 스타일과 행동 유형을 분석했고, 최근에는 MBTI를 기반으로 팀 구성원의 성향을 이해하려는 시도가 많아졌다. Belbin 모델 역시 팀워크 향상을 위한 유용한 진단 도구로서, 각자가 어느 역할에 강점을 갖고 있는지, 실제로 어떤 역할을 수행하고 있으며 그것이 본인의 적성과 맞는지를 파악할 수 있게 해준다. 나아가 팀 전체의 균형을 Thinking, People, Action 세 가지 카테고리로 나누어 분석할 수 있어 실무적으로도 적용하기에 적절하다.

이러한 분석을 통해 팀에서 어느 역할이 부족한지, 과잉되어 있는 부분은 없는지를 파악하고 인력 재배치를 통해 팀의 균형을 맞출 수 있다. 리더는 팀의 균형도를 점검하고, 특정 역할이 과도하게 집중되어 있다면 보완할 수 있는 전략을 마련해야 한다. 이는 단순한 역할 분담의 문제가 아니라, 팀워크 전반의 질과 성과에 직결되는 문제다. 결국 팀의 성과는 각 구성원의 강점이 발휘되는 환경을 조성함으로써 가능해진다.

요즘은 MBTI를 모르면 대화가 어렵다고 할 정도로, 성격 유형에 대한 관심이 높다. 팀 차원에서 MBTI나 Belbin과 같은 도구를 단순한 놀이가 아닌 실질적인 다양성 이해의 도구로 활용해 본다면 리더와 구성원 모두에게 유익한 성찰의 기회가 될 것이다.

팀의 성공은 결국 균형에 달려 있다. 이때의 균형은 완벽한 개인이 아닌, 서로의 강점과 약점을 조율해 나가는 관계적 균형이다. 구성원 간의 조화가 이루어질 때 약점은 최소화되고, 강점은 극대화되며, 이는 성과로 이어진다. 리더와 구성원 모두가 이 균형의 중요성을 인식하고 노력할 때, 팀은 진정한 성과를 만들어 낼 수 있을 것이다.

협업의 능력이 이기는 능력

나의 초등학교 시절에는 남자아이들의 비중이 높았고 키도 비교적 커서, 여자 짝꿍과 앉아본 기억이 단 한 번도 없었다. 남자 중학교, 남자 고등학교를 졸업했으며, 남성 비율이 절대적으로 높은 학과를 다녔다. 군 복무를 마치고 학교를 졸업한 뒤 입사한 회사에서도 당시만 해도 같은 직무에 여성이 거의 없었던 시절이었다.

아마 비슷한 세대라면 이러한 경험을 공유하고 있을 것이다. 문제는 이처럼 수직적이고 권위적인 분위기에 순응하면서 성장해왔다는 데 있다. "시키면 하고, 안 시켜도 알아서 해"라는 문화가 강했고, 일방적인 소통과 상명하복에 익숙했기에 감정이 조금 상해도 이상할 게 없었다. 물론 이것이 기성세대를 위한 변명이거나 "라떼는 말이야" 식의 합리화는 아니다.

중요한 것은 환경은 계속 바뀌고 있지만, 학습된 경험이나 사고방식은 여전히 과거에 머물러 있다는 점이다. 이런 차이로 인해 리더십을 행사하는 데 젊은 세대들과 엇박자가 날 수밖에 없고, 이는 극복해야 할 과제이다. 물론 무조건적인 이해를 바랄 수는 없지만, 동시에 구성원들도 리더의 입장을 이해할 필요가 있다.

그렇다면 무엇이 바뀌고 있는가? 첫째, 조직 구조와 문화가 수평적으로 변화하고 있다. 조직마다 정도의 차이는 있겠지만, 과거의 연공서열 중심의 수직적 조직에서 수평적이고 유연한 구조로 변화하고 있거나, 이미 그렇게 변화한 조직도 많다. 과거에는 연차에 따라 차례로 리더가 되는 것이 일반적이었다면, 요즘은 준비가 덜 된 상태에서도 갑자기 리더 역할을 맡게 되는 경우가 많아졌다.

둘째는 다양성의 증가다. 성별, 세대, 가치관, 인종 등 업무 환경 속 다양성이 커졌고, 단순한 설득보다는 스스로 납득해야 일이 되는 시대가 되었다. 과거 리더들은 "Do it"이라고 말하면 되었지만, 지금의 구성원들은 "Why"를 설명해야 수긍하고 실행에 옮긴다. 동기부여와 권한 위임에 있어서도 훨씬 더 많은 고려가 필요한 시대다.

이러한 환경에서는 구성원을 이해하는 역량이 리더의 성패를 좌우한다. 리더십을 다시 정의하자면, 공동의 목표를 달성하기 위해 구성원에게 긍정적인 영향을 미치는 것이다. 리더는 결국 이러한 목표를 실현해내는 책임을 지는 사람이며, 성과를 내는 것이 본질임을 잊지 말아야 한다. 수평적 소통과 신뢰 형성이 중요하긴 하지만, 그것은 본질이 아닌 수단이다.

리더는 모든 일을 혼자 할 수 없고, 해서도 안 된다. 권한을 위임하거나 적절한 업무 지시를 통해 일을 구성원 중심으로 추진해야 한다. 다만 중요한 것은 그 과정에서 반드시 "왜 이 일을 하는가?"를 먼저 설명해야 한다는 점이다. 구성원이 납득하고 이해해야 더 나은 품질의 결과가 나오며, 자발적인 몰입과 노력이 따르게 된다.

지금은 구성원들의 수용성과 납득을 전제로 한 리더십이 필요한 시점이다. 과거와는 다른 조직문화와 다양성의 환경 속에서, 리더는 끊임없이 소통하고, 설득하며, 구성원들과 함께 성장해 나가야 한다. 그 과정에서 리더십은 과거의 연장선이 아니라, 변화에 적응하고 새로운 기준을 만드는 역량으로 재정의되어야 할 것이다.

그런 의미에서 널리 알려진 사이먼 사이넥의 골든서클 Golden Circle * 이론을 통해 조직이나 개인이 자신이 하는 일의 목적과 가치를 명

---

* Sinek, S. (2011). Start with Why: How Great Leaders Inspire Everyone to Take Action. Penguin Books.

확히 하고, 이를 바탕으로 행동을 유도하는 방식으로 적용해보는 것이 좋겠다. 사이넥은 Why?> How?> What? 이라는 질문과 그 순서를 매우 중요하게 여겼고, 이를 프레임워크로 제시하였다. 물론 과거에도 Why는 존재했겠지만 대부분의 조직은 How와 What에 집중해왔던 것이 사실이다. 특히 Why가 중요한 이유는 바로 행동과 결정의 근본적인 동기를 형성하기 때문이다.

  Why가 중요한 또 다른 이유는 방향성 정렬에 있다. 통상 조직의 전략적 방향성이 설정되면, 전사 → 사업부 → 팀 → 개인까지 일련의 과정에서 역할과 목표가 하나의 방향 아래 정렬되어야 한다. 그래야 일이 톱니바퀴처럼 매끄럽게 돌아갈 수 있고, 각자가 자신이 맡은 바를 주도적으로 수행할 수 있다. 즉 Why는 단순한 이유 제시를 넘어서 일의 목적과 의미를 구조적으로 연결하는 매개가 된다.

  덧붙이자면, Why는 우리가 이 일을 왜 하는지를 알려줄 뿐 아니라, 그 일을 성공적으로 마쳤을 때 조직과 개인 모두에게 어떤 변화

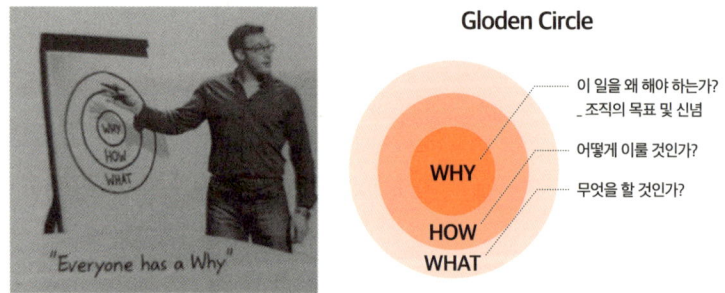

사이먼 사이넥의 골든서클

와 영향을 줄 것인지까지 포함한다. 이는 추가적인 물질적 보상보다 커리어의 진전, 역량의 강화, 새로운 기회를 통한 자기 실현과 성장의 기회로 이어지는 비물질적 동기를 자극한다. 구성원들은 이러한 Why의 맥락 안에서 자기 일을 해석하게 되고, 그로 인해 몰입과 자율성이 생긴다.

Why만큼 중요한 것은 기대수준을 명확히 설정해 주는 것이다. 즉 일의 결과물에 대해 가능한 한 구체적인 아웃풋 이미지_{output image}를 제시하는 것이 필요하다. 많은 리더들이 구체적인 결과를 원하면서도 그 과정과 기대하는 모습에 대해 구성원에게 충분한 가이드를 제공하지 못하는 경우가 많다. 이러한 모호함은 일의 몰입도를 떨어뜨리고, 구성원은 혼란을 겪게 된다.

명확한 기대수준에는 결과물의 형태와 완성 기한, 권한 위임 범위, 일의 진행 방식, 지원 사항, 그리고 중간 점검과 피드백 방식 등이 포함되어야 한다. 이를 통해 구성원은 리더의 의도와 맥락을 정확히 이해하고, 자율적이되 목표에 부합하는 방식으로 일을 추진할 수 있게 된다. 이 과정에서 리더는 감독자가 아니라 방향을 제시하고, 상황을 조율하며, 최종 목표 달성을 돕는 조력자가 되어야 한다.

구성원이 없다면 리더는 존재할 수 없고, 어떤 일도 해낼 수 없다. 이 단순한 사실에 대한 인식을 바탕으로, 리더 스스로 일하는 방식을 변화시키고 구성원과의 소통 방식을 개선하는 것이야말로 진짜 경쟁력이며, 리더십의 차이를 만들어내는 출발점이 될 것이다.

ZERO SUM이 아닌
POSITIVE SUM을 생각해야

팀 내부에서도 협업이 필요하지만, 팀 간 혹은 밸류체인 간의 협업 상황도 매우 빈번하게 발생한다. 조직생활에서는 여러 부서와의 협업이나 경쟁 상황 속에서 조정과 조율을 통해 문제를 해결해 나가기도 하며, 경우에 따라서는 이해관계의 충돌로 갈등이 심화되기도 한다. 리더들은 이러한 상황 속에서 구성원들의 기대와 자신을 바라보는 시선을 인지하고 있기에, 팀의 이익을 관철시키려는 노력에 나선다. 때로는 무능하다는 이미지 리스크를 피하고자 경쟁에 나서고, 리더로서 성과를 만들어내고자 하는 욕망으로 인해 '이겨야 한다'는 프레임에 스스로를 가두기도 한다.

하지만 싸워 이겨야만 얻는 것이 있다면, 그 반대편에는 반드시 잃는 사람도 있기 마련이다. 누군가의 손실이 전제된 Zero-sum의 결과라면, 그것은 리더십의 성과로 보기 어렵다. 심지어 Positive-sum이라 해도 특정 개인이나 팀에게만 이익이 집중된다면, 그것이 바람직한 것인지 스스로에게 질문해 보는 태도가 현명하다. 조직 전체의 지속가능성과 신뢰를 위한 판단은, 단기적 성과보다 더 중요한 가치일 수 있다.

리더가 성장해 나가면서 그 영향력과 관점은 '나의 팀'에서 '우리 조직'을 거쳐 '회사의 전반적인 이익'으로 확장되어야 한다. 이런 관점의 전환을 위해, 리더는 몇 가지 훈련과 태도 전환이 필요하다. 첫째, 큰 그림에서 판단하려는 습관을 가져야 한다. 구성원들의 이해관계를 지켜내는 것도 중요하지만, 조직 전체 관점에서 실용적이고 장기적으로 효과적인 판단을 내리는 리더가 더 신뢰받는다. 이때 중요한 것은 단순히 결정을 내리는 것이 아니라, 왜 그렇게 판단했는지에 대한 근거와 맥락을 구성원들에게 충분히 설명하는 것이다. 대부분의 구성원은 합리적 설명이 주어진다면 충분히 수용하고 납득할 수 있다.

둘째, 리더의 협업 능력은 조직 내 위치가 높아질수록 더욱 중요한 역량이 된다. 리더의 범위가 넓어지고 책임이 커질수록, 협업의 폭과 깊이도 함께 커지기 때문이다. 자신의 이익만을 챙기고 계산적으로 움직이는 리더에게서 구성원들은 오래 머물지 않는다. 협업은 단순히 의견을 조율하는 기술이 아니라, 공동의 이익을 중심으로 판단 기준을 세우는 철학이다. 협업을 통해 이루어진 결정이 고객과 파트너를 포함한 다수에게 이익이 되는가를 기준 삼는다면, 판단은 더 쉬워진다. 협업은 Zero-sum이 아닌 Positive-sum의 결과를 만들어낼 수 있다는 믿음을 가져야 한다.

셋째, 하수일수록 감정에 휘둘리고 그것을 표출하는 경향이 있다. 시소한 일에 감정적으로 대응하고, 감정의 소진을 통해 보상받으려는 태도는 결국 팀에 해를 끼친다. 리더는 크고 작은 의사결정에서 감정이 아닌 가치와 기준으로 판단해야 하며, 감정적 리더는 신뢰를 잃기 쉽다. 진정한 리더는 불필요한 싸움에 에너지를 낭비하지 않고, 불필요한 자존심을 내세우지 않는다.

리더는 모든 문제를 혼자 해결하는 사람이 아니다. 오히려 타인과 협력하여 시너지를 창출할 줄 아는 사람이 진짜 리더에 가깝다. 훌륭한 리더는 구성원의 의견을 경청하고, 집단의 잠재력을 끌어내어 문제를 함께 풀어나간다. 이는 조직뿐 아니라 삶 전반에 걸쳐 적용되는 태도이며, 협력은 우리 모두가 긴 여정을 지치지 않고 함께 걸어가기 위한 가장 강력한 힘이 된다.

최고의 인재가 모이면 최고의 팀이 될까?

리더의 방향과 공동의 목표를 이해하고 이를 실행하는 팔로워가 없다면, 아무런 성과도 기대할 수 없다. 결국 하나의 팀에서 리더와 팔로워는 별개의 존재가 아니라, 상호보완적인 역할 수행자로 이해되어야 하며 효율적인 움직임이 필수적이다. 조직의 성과에 리더가 기여하는 비율은 전체의 10~20%에 불과하다는 분석도 있으며, 나머지 80~90%는 팔로워의 실질적인 기여에 의해 이루어진다는 점에서 구성원의 역할은 결정적이다.

따라서 효과적인 리더십을 발휘하기 위해서는 팔로워에 대한 이해가 선행되어야 하며, 이때 필요한 개념이 바로 '팔로워십'이다. 팔로워십은 단순히 리더의 지시를 충실히 따르거나 성실히 지원하는 것을 넘어, 리더와의 상호작용 속에서 조직을 함께 성장시키는 역동적인 역할을 포함한다. 이는 리더십과 마찬가지로 한 방향에서 일방적으로 수행되는 것이 아닌, 쌍방향의 책임과 헌신을 요구하는 개념이다.

우리는 이미 구성원의 역량과 성장 단계에 따라 리더십의 방식도 달라져야 한다는 것을 살펴본 바 있다. 로버트 켈리Robert Kelley가 제시한 팔로워 행동 유형에 따라 리더가 어떤 태도로 대응해야 하는지도 중요하며, 각 팔로워의 특성과 가능성에 대한 리더의 관찰과 이해가 병행되어야 조직이 더 효율적으로 운영될 수 있다. 결국 리더는 각기 다른 팔로워들과 조화를 이루며 목표를 향해 나아가는 조율자의 역할을 수행해야 하는 것이다.

리더의 역할이 어렵듯, 팔로워십 역시 결코 쉬운 태도는 아니다. 훌륭한 팔로워는 리더에게 주도권을 위임받되, 자신의 행동에 대해 충분한 책임감을 가지고 있어야 하며, 경우에 따라 리더의 잘못된 판단이나 방향에 이의를 제기할 수 있는 용기도 지녀야 한다. 조직의 성공과 실패를 리더만의 몫으로 생각하지 않고, 팔로워 스스로도 그 결과에 책임을 공유하려는 태도가 있어야만 성장과 성과가 함께 가능해진다.

그렇다면 리더는 어떻게 팔로워십을 육성할 수 있을까? 먼저 팔로워십에 대한 명확한 개념을 교육하고, 이를 통해 팔로워가 무엇을 얻을 수 있는지, 그리고 리더가 어떻게 그들의 팔로워십을 이끌어내야 하는지를 조직적으로 안내할 필요가 있다. 순종적인 태도만을 요구하거나 일방적 지시만을 일삼는 리더 밑에서는 건강한 팔로워십이 자라기 어렵고, 반대로 구성원 스스로도 용기를 가지고 적극적인 자세로 응답할 수 있는 태도가 전제되어야 한다.

리더가 팔로워 각각을 모두 이해하기 어려운 것처럼, 팔로워도 리더의 모든 맥락과 부담을 이해하긴 쉽지 않다. 이는 각자의 역할에 대한 명확한 인식과 상호 공감이 결여된 상황에서 더욱 그러하다. 리더는 "내 양동이에 물을 채우는 것"에서 벗어나, "남의 양동이에 물을 채워주는 사람"이라는 인식 전환이 필요하며, 이것이 진정한 리더십의 출발점이다.

좋은 팔로워가 좋은 리더로 성장할 가능성이 높다는 것은 오랜 진리다. 아리스토텔레스 역시 "남을 따르는 법을 모르는 사람은 결코 좋은 리더가 될 수 없다"고 말한 바 있다. 리더십과 팔로워십은 따로 분리된 기술이 아닌, 동전의 양면처럼 조직의 성공을 위해 반드시 함께 갖추어져야 할 핵심 요소인 것이다.

아폴로 신드롬

영화 어벤져스를 보지 않은 사람은 있어도 어벤져스를 모르는 사람은 없을 것이다. 과거에는 '드림팀'이라는 표현이 익숙했지만, 이제는 최고의 실력을 갖춘 사람들의 조합을 '어벤져스'라고 칭한다. 영화 「어벤져스: 에이지 오브 울트론」에서는 하나의 팀이었던 어벤져스 내부에서 서로의 감정과 갈등이 부딪히고, 인간적인 한계가 드러나는 장면들이 나온다. 그럼에도 불구하고 위기 앞에서 다시 힘을 합쳐 새로운 희망과 가능성을 보여주는 내용이 많은 사람들에게 울림을 준다.

현실에서는 어떨까? 이 시대의 가장 뛰어난 지성과 역량을 지닌 사람들이 한자리에 모인다면 어벤져스와 같은 팀이 될 수 있을 것이다. 그러나 이런 인재들을 이끌어야 하는 리더의 입장은 상상 이상으로 고된 자리일 수밖에 없다. 아이언맨이나 캡틴 아메리카 같은 능력치는 없어도, 그들을 모으고 조율하는 닉 퓨리의 역할은 결코 만만치 않은 것이다.

만약 일론 머스크, 마크 저커버그, 스티브 잡스, 빌 게이츠 같은 혁신의 아이콘들이 한 팀에 모인다면 최고의 성과와 상상 초월의 융복합 혁신이 가능할 수도 있다. 그러나 이들이 각자의 개성과 방향성을 고집한 채 팀워크를 무시하게 된다면, 팀은 곧 분열되고 말 것이다. 팀의 본질은 뛰어난 개인의 단순한 집합이 아니라, 공동의 목표를 위해 함께 뛰는 균형과 상호 조화에 있다. 그래서 이런 팀일수록 오히려 '아폴로 신드롬'에 빠질 가능성이 크다.

아폴로 신드롬은 뛰어난 인재들이 모였음에도 불구하고 협업 부족, 자만, 갈등 등으로 인해 오히려 성과가 낮아지는 현상을 말한다. 이는 각자의 역량만 믿고 자신의 신념만을 따르며, 서로의 생각과 다양성을 인정하지 않을 때 나타난다. "맞다 vs 틀리다"의 이분법적 사고는 협업이 아닌 경쟁으로 이어지며, 이럴 경우 개인이 혼자 일하는 것이 오히려 나을 수도 있다. 균형 잡힌 개인보다 중요한 것은 구성원 사이의 균형이라는 점을 다시금 기억해야 한다.

팀워크를 이야기할 때 자주 언급되는 사례 중 하나가 「무한도전」의 조정 경기편이다. 조정은 팀워크가 핵심인 스포츠로, 각자의 힘과 타이밍이 하나로 합쳐져야 비로소 앞으로 나아갈 수 있다. 연습 과정에서 한 멤버가 부상을 입고 조타수 역할을 맡게 되며, 초보 팀원들은 몇 달간의 훈련 끝에 경기에서 온 힘을 다해 레인을 이탈한 채 결승점을 통과한다. 끝까지 해냈다는 성취감과 함께 "미안하다, 고맙다, 수고했다"는 인사가 오가는 장면은 깊은 감동을 준다.

이처럼 리더는 팀워크 강화를 위해 몇 가지를 염두에 두어야 한다. 첫째, "우리는 한 팀이다"라는 인식을 만드는 것이 중요하다. 하나의 배에서 노를 함께 저어야 앞으로 나아갈 수 있으며, 힘을 동시에 쓰지 않으면 에너지는 분산되고 진전이 어렵다. 둘째, 각자의 역할에 대한 책임감을 갖게 하자. 한 사람의 이탈이 전체의 방향을 틀어버릴 수 있다. 셋째, 성과는 단순한 분위기보다 팀 내 역할 수행에서 비롯된다. 인간적 유대는 중요하지만, 비공식적 역할의 성실한 수행과 팀원 간의 조화가 더 큰 영향을 미친다. 넷째, 쉽게 포기하지 않고 끝까지 도전하는 문화를 만들자. 내가 포기하면 팀도 나를 포기하게 되고, 결과적으로 팀 전체의 실패로 이어질 수 있다. 다섯째, 팀의 정신은 지치지 않는 열정과 도전정신에서 비롯된다. 혼자서는 버겁지만, 함께 한다면 어떤 일도 해낼 수 있다는 믿음이 팀워크의 출발점이다. 구성원 간의 정서적, 업무적 연결은 그 믿음을 실현시키는 동력이 된다. 이 믿음을 기반으로 리더는 팀의 잠재력을 끌어올리는 중심축이 되어야 한다.

    결국 팀워크란 서로의 보완점을 메워가며, 공동의 목표를 향해 함께 움직이는 일이다. 리더는 구성원들이 하나의 울타리 안에서 각자의 역할을 다하고, 시너지를 창출할 수 있도록 조율하고 이끌어야 한다. '함께 간다'는 팀의 정신은 어떤 어려움도 이겨낼 수 있는 힘이 되며, 이는 곧 팀의 지속가능한 성장으로 이어진다.

팀워크를 위한 행동 몰입

일을 하면서도 퇴근 시간이 다가오길 기다리는 것이 보통의 직장생활이다. 일을 했는데도 능률이 오르지 않거나 성과가 나지 않는 경우가 많아 결국 같은 시간을 일하더라도 얼마나 몰입했느냐가 큰 차이를 만들어낸다. 몰입에는 좋아하는 일을 하며 즐겁게 사는 '심리적 몰입'과 내가 하는 일을 즐기면서 성과를 내는 '성과몰입'이 있다. 직장생활에서는 좋아하는 일만 할 수 없고, 하고 싶은 것보다 해야 할 일에 집중해야 하는 경우가 많기에 몰입의 중요성은 더욱 커진다. 성과몰입의 핵심은, 어차피 해야 할 일이라면 기꺼이 몰입하여 성과를 만들어내는 것이다.

    성과몰입Work Engagement의 전제 조건 중 첫 번째 요인은 '자율성 확보'다. 사람은 스스로 선택하고 결정한다고 느낄 때 몰입하게 되어 있으며, 누가 시킨 일이라고 느끼는 순간 본능적으로 거부감을 느낀다. 이는 강요와 간섭이 부정적인 감정을 유발하기 때문이며, 반대로 스스로 선택한 일이라면 부정적 감정도 상당히 완화된다. 스스로 선택한 일에는 밤을 새도 힘들지 않고, 그 과정에서 긍정적인 감정이 생성되어 몰입 환경이 조성된다. 자율성을 높이기 위해서는 일을 통제 가능 영역과 통제 불능 영역으로 구분하고, 통제 가능한 영역에 집중하도록 권한을 부여하고 책임과 성과에 대한 철저한 보상을 연계해야 한다. 이 같은 권한 위임은 자율성이라는 몰입의 기반을 형성하게 된다.

두 번째 요인은 '목적성'이다. 리더가 일을 시작하기 전 "왜 이 일을 해야 하는가"라는 질문에 대한 배경 설명을 제공해야 구성원들이 납득하고 시작할 수 있다. 사람은 일의 목적이 명확할 때 몰입하게 되며, 뇌는 목적이 생기면 그것을 달성하기 위해 보상 호르몬을 분비하며 집중 상태로 전환된다. 명확한 '끝 그림'을 제시하면 목적 달성에 대한 본능이 자극되어 성과몰입을 유도할 수 있다. 업무지시의 배경이 큰 그림이라면, 최종 결과물은 구체적인 끝 그림이 되며 이를 위해 구성원 스스로 계획을 수립하게 된다. 목적성을 자극할 수 있는 도구들을 리더는 이해하고 실천에 옮길 필요가 있다. 구성원이 생각하는 '중요한 일'과 자신이 생각하는 '해야 할 일'의 일치도를 높이는 것부터 시작하자. 업무를 시각적으로 정리하고, 결과물·마감시간·도움받을 자원 등을 명확히 하여 목표 설정과 피드백을 체계화하면 몰입을 도울 수 있다.

또한 강점 기반의 경력개발 계획 수립도 목적성을 자극하는 효과적인 방법이다. 구성원이 자신의 강점을 살려 조직 안에서 이루고자 하는 장기적인 목표를 설정하고, 이를 위해 지금 당장 무엇을 해야 하는지를 구체화하는 작업이 필요하다. 세대가 바뀌고, 법이 바뀌고, 사회 인식도 변했다. 과거에는 시간의 제약이 없어 근면함이 성공의 핵심이었지만, 이제는 주 40~52시간이라는 물리적 제약 안에서 누가 더 몰입하며 스마트하게 일하느냐가 관건이다. 따라서 구성원들의 자율성과 목적성은 팀워크를 촉진하는 행동 몰입의 핵심이 된다.

구성원의 행동 몰입을
이끌어내는 리더십

구성원들에게 아무리 열정적으로 이야기해도 잘 전달되지 않을 때 활용해 보면 좋은 리더십의 스킬을 누구나 한번쯤은 생각해 보았을 것이다. 우리의 고민은 어떤 목표나 방향에 대해 구성원들이 말과 행동으로 공감하고, 그 공감이 집중될 때 변화가 일어난다는 점이다. 이때 필요한 것이 바로 '행동 몰입'이다.

몰입이란 개인이 어떤 활동에 완전히 몰두하여 주변 환경과 시간을 잊고, 그 활동 자체에 깊이 집중하는 심리적 상태를 말한다. 누구나 한 번쯤은 무언가에 고도로 집중한 경험이 있을 것이다. 시간 가는 줄 모르다가 시계를 보고 깜짝 놀란 기억, 바로 그 경험이 몰입

상태의 대표적인 사례다.

과거 영국에서 병원 예약 후 노쇼(No-show) 환자가 많이 발생하는 손실을 줄이기 위해 실험*을 하나 진행했다고 한다. A그룹에는 단순히 예약번호를 알려주고 기억하라고 요청했다. "예약번호 OOO번, 기억해 주세요"라는 방식이었다. B그룹에는 예약 내용을 말로 따라 하게 하였고, C그룹에는 예약 내용을 직접 종이에 쓰도록 요청했다. 그 결과, A그룹은 노쇼율이 오히려 +1.1% 증가했고, B그룹은 -3.5% 줄었으며, C그룹은 무려 -18%가 감소하였다. 결국 행동 몰입을 가장 강하게 유도한 것은 '글로 쓰는 것'이었다. 성인 학습의 원리 중 하나인 '다중감각 활용의 원리'는 학습자가 오감을 활용할수록 학습 효과가 높아진다는 내용을 담고 있다. 그래서 현대의 교육과 워크숍은 듣고, 말하고, 쓰고, 보는 방식으로 몰입을 유도하고 있다.

행동 몰입을 넘어 보다 적극적인 변화를 위해 '사회적 규범'을 강조하는 방식으로 추가 실험도 진행되었다. 사회적 규범이란 사회생활에서 지켜야 할 최소한의 규칙으로, 이를 의식하게 만들었을 때 사람들은 자신의 행동에 더욱 책임감을 느끼게 된다. 예를 들어 "다른 사람의 소중한 진료 기회를 위해 약속을 꼭 지켜 주세요" 또는 "고객님은 약속을 중요하게 생각하는 분이니 꼭 지켜주실 거라 믿습니다"와 같은 문구를 활용한 것이다. 이러한 사회적 규범 메시지

---

* Martin, S. J., Bassi, S., & Dunbar-Rees, R. (2012). Commitments, norms and custard creams: A social influence approach to reducing did not attends (DNAs). Journal of the Royal Society of Medicine, 105(3), 101 - 104.

를 C그룹에 추가 적용하자 노쇼율은 -31.7%까지 감소했다. 반대로, 사회적 규범 메시지와 글쓰기 요청을 모두 중단하자 노쇼율은 +10.1%로 다시 증가했다. 이후 동일한 조치를 재적용했을 때, 노쇼율은 다시 -29.6%로 낮아졌다. 이 결과는 다중감각 자극과 사회적 규범 메시지가 실제 행동 변화에 매우 큰 영향을 준다는 점을 보여준다.

리더십 관점에서 이 실험이 시사하는 바는 분명하다. 리더는 구성원의 행동몰입을 촉진하기 위해 일의 의미나 중요성부터 충분히 설명해야 하며, 그 결과가 조직이나 팀에 어떤 영향을 미치는지를 사회적 규범으로 언어화해야 한다. 그리고 구성원에게 신뢰와 믿음을 표현하는 것이 몰입을 유도하는 또 다른 강력한 도구가 될 수 있다.

이기는 습관과 복기

얼마 전 개봉한 영화 〈승부〉에서는 바둑기사들의 성장과 치열한 노력, 그리고 인간적인 고뇌와 함께 승부가 끝이 아닌 새로운 도전의 시작임을 잘 보여주었다. 특히 승부를 그 결과 자체로 끝내지 않고 복기와 연구를 거듭하면서 더 좋은 수를 찾기 위한 노력은 많은 시사점을 던져준다. 리더들이 어떤 일을 추진하면서 실패하거나 원하는 결과를 얻지 못했을 때 취해야 할 태도인 '복기'의 중요성은 우리 모두에게 적용되는 이야기다. 복기란 한 번 두고 난 바둑의 결과를 비평하기 위해 처음부터 다시 놓아보는 것을 의미하며, 이는 일의 결과를 되돌아보는 데 탁월한 방식이다.

"바둑에는 '복기'라는 훌륭한 교사가 있다.
승리한 대국의 복기는 '이기는 습관'을 만들어주고,
패배한 대국의 복기는 '이기는 준비'를 만들어준다."

돌부처라고 불리는 이창호 9단은 위와 같은 말을 남겼다. 누구나 한 번쯤 곱씹어 볼 만한 명언이며, 우리 삶에도 충분히 적용해볼 수 있는 통찰이 담겨 있다.

일을 추진하면서 항상 성공적인 결과를 기대하기는 어렵다. 리더가 팀워크를 구축하기 위해 다양한 방법과 리더십을 발휘하더라도, 원하는 만큼, 원하는 속도로 변화가 오지 않는 경우는 흔하다. 이것은 리더뿐 아니라 구성원 모두에게 해당되는 이야기다. 중요한 것은 결과 자체보다 그 이후의 태도이다. 일이 잘 마무리되었든, 그렇지 못했든 간에 우리는 서로 어떤 대화를 나누는지를 떠올려 볼 필요가 있다. 가장 안 좋은 경우는 구체성 없이 "수고했어"라는 형식적인 인사 한 마디로 상황을 마무리하는 것이다. 일이 잘되었든 실패했든 간에, 바둑의 복기처럼 일의 결과를 다시 리뷰해보는 과정이 반드시 필요하다. 이 과정이 바로 '이기는 습관' 혹은 '이기는 준비'를 만들어주는 기초가 된다.

  복기에 앞서 가장 중요한 것은 실패의 가능성을 열린 자세로 받아들이는 유연함이다. 직장에서는 무지·무능·부정의 이미지 리스크를 두려워하여 실패를 터부시하고, 그 결과 누구도 책임지지 않으려는 분위기가 형성되기 쉽다. 하지만 실패에서 배우는 교훈이 있다면 그것만으로도 다음 도전에서 성공 확률을 높일 수 있다. 반대로 교훈 없이 환경이나 운 탓만을 하게 되면, 실패는 반복될 가능성이 높다.

  실패를 외부 요인에 귀인하는 경향은 당장은 자신을 보호할 수 있지만, 성장을 가로막는 결과를 낳는다. 반면 실패로부터 배움을 얻는 사람은 도전 의욕이 생기고, 그 도전이 다시 성과로 이어질 가능성이 커진다. 성공했을 경우에도, 복기를 통해 자신만의 성공 방정식을 도출할 수 있고, 이것이 자산이 되는 경험으로 남게 된다. 결국, 실패든 성공이든 복기를 통해 자산화하는 리더가 진정한 성장을 이뤄낼 수 있다.

  복기의 과정은 리더뿐 아니라 실무를 담당했던 구성원에게도 유익하다. 일을 처음부터 끝까지 다시 조망해 보면 어디에서 문제가 있었는지 파악할 수 있고, 그 과정에서 개인의 실력도 성장하게 된다. 이를 통해 팀 전체의 학습과 역량 축적이 가능해진다.

  복기를 위한 좋은 질문들을 떠올려 보자. 먼저, "당초에 우리는 무엇을 원했고 기대했지?"라는 질문으로 일의 목적과 아웃풋 이미지를 되새기는 것이 중요하다. 다음으로는, "목표한 바와 실제 결과는 어땠는가?"라는 정량적, 정성적 평가를 해보는 단계가 필요하다. 마지막으로 "잘 되었던 이유는 무엇이고, 잘 되지 않았던 이유는 무엇이었는가?"를 묻는 원인 분석을 통해 교훈이나 자산을 도출하는 것이 핵심이다.

나 역시 직장생활 중 수많은 프로젝트를 수행해 왔고, 그중에는 회사 전체의 조직을 재설계하는 몇 개월 간의 프로젝트도 있었다. 조직개편 형태로 마무리되었지만, 이후 그것이 실제로 어떤 영향을 미쳤는지에 대한 검토는 아쉬움으로 남는다. 많은 프로젝트들이 종료와 함께 사라지고, 관련 자료만 남는 현실에서 복기의 필요성을 더욱 절실히 느끼게 된다. 만약 프로젝트 종료 후 적용된 내용을 바탕으로 복기를 정리했다면 더 많은 것을 알 수 있었을 것이고, 그 경험은 훨씬 강하게 내재화될 수 있었을 것이다. 특히 전사적 영향력을 가지는 프로젝트라면 그 실행 이후에도 성과나 품질을 지속적으로 모니터링하는 것이 중요하다. 그것이 리더와 구성원 모두에게 새로운 배움과 성장의 기회를 제공해 줄 것이다.

일의 종료가 곧 끝이 되어선 안 된다. 복기가 곧 진정한 마무리이며, 팀워크가 잘 작동한다면 작은 성공 경험을 DNA로 축적하는 문화가 형성될 수 있다. 그런 조직은 드림팀도, 어벤져스도 부럽지 않은 진짜 강한 팀이 될 수 있을 것이다.

팀 역량의 베이스 캠프를
높게 쳐라

'도전'이라는 말의 대표적 상징으로 흔히 에베레스트산을 떠올리곤 한다. 집 근처 산에도 오르기 버거운 현실에서 에베레스트는 꿈도 못 꿀 일이지만, 한편으로는 인생에서 단 한 번의 모험과 도전을 속삭이는 존재이기도 하다. 고산 등반은 한 번에 정상까지 오를 수 없기에 '베이스캠프'라는 전진기지를 마련하게 된다. 등산이나 탐험의 근거지가 되는 이 베이스캠프는 등반을 위한 준비와 재정비의 공간이며, 이러한 도전에서는 이른바 '베이스캠프의 법칙'이라는 개념이 존재한다.

2004년 기준으로 히말라야 정상 등정에 성공한 사람은 1년에 고작 2~3명에 불과했으나, 이후 수백 배 이상 증가해 최근에는 연간 500명 이상이 성공하고 2019년에는 800명을 넘어서기도 했다. 무엇이 이처럼 극적인 변화를 만들어냈을까? 등산 장비의 향상, 체력의 증대, 기상의 호조 같은 요인들도 있지만, 결정적인 원인은 바로 '베이스캠프의 고도 상승'이었다. 2,000m에 머물던 베이스캠프를 6,000m까지 끌어올리면서 등정 성공률이 비약적으로 높아졌던 것이다. 정상에 가까운 지점에서 충분한 휴식과 준비를 마친 후 마지막 도약에 나서는 전략이 주요했던 셈이다.

우리가 삶에서 경험하는 성공도 이와 크게 다르지 않다. 한 번에 8,848m를 올라가는 사람은 없다. 작은 성공의 경험들을 차곡차곡

쌓아 올리고, 도전의 베이스캠프를 점점 더 높은 지점에 치면서 다음 단계를 준비하는 태도가 진정한 성장을 이끈다.

조직 역시 마찬가지다. 각자의 역할과 관점이 다른 구성원들이 공동의 목표를 향해 나아가기 위해서는 명확한 미션과 비전을 중심으로 한 공감대가 필요하며, 이것이 곧 조직적인 베이스캠프가 된다. 높은 곳을 향한 도전은 높은 베이스캠프에서 출발할 때 더 큰 성취로 이어지며, 큰 목표는 늘 혁신적인 방법을 요구하고 그것이 변화를 촉진하는 동력이 된다.

이를 위해 리더는 구성원들과 함께 공감대를 형성하고, 역량과 의지를 결집시켜 조직의 베이스캠프를 높이 세워야 한다. 높은 베이스캠프는 곧 팀의 목표가 높고, 그 목표를 이룰 준비가 되어 있다는 증거다. 리더는 구성원 각자가 자신의 역량을 발휘할 수 있도록 환경을 조성하고, 이를 통해 개인과 조직 모두가 함께 성장하는 구조를 만들어야 한다.

무엇보다 중요한 것은 리더가 개인의 역량을 팀 전체의 역량으로 흡수해내는 것이다. 그렇게 함께 만들어진 팀워크와 공동의 베이스캠프는 개별적 성과를 뛰어넘는 시너지를 발휘하게 된다. 그것이야말로 단순한 구성원의 합을 넘어서는 진정한 팀의 성장이며, 도전의 가치를 실현하는 길일 것이다.

에필로그

"성공은 최종적이지 않으며
실패는 치명적이지 않다
중요한 것은 계속할 용기다"

- 윈스턴 처칠-

성공의 반대말은 실패가 아니라 포기다. 우리가 어떤 목표를 향해 나아갈 때, "그건 안 될 거야"라고 가장 크게 말하는 목소리는 사실 밖이 아니라 안, 바로 우리 자신 안에서 들려오는 경우가 많다. 그리고 그 목소리는 때로 팀 안에서도 나온다.

리더십을 실천하는 과정에서 계획대로 일이 흘러가지 않거나, 예상보다 변화가 더딜 수 있다. 곤경에 처하거나 마음이 지칠 때도 있고, 포기하고 싶은 생각이 드는 것도 이상한 일이 아니다. 누구나 겪는 성장의 통증 같은 것이다. 개인이나 팀이 겪는 어려움뿐 아니라, 목표가 당장 이루어지지 않는다 하더라도 그 목표 자체를 포기하지 않는 한 실패한 것이 아니다. 그건 단지 성공이 잠시 유보된 상태일 뿐이다. 상황이 어렵더라도, 우리가 처한 현실이 절망적으로 보이더라도, 고개 숙이고 좌절하지 말자.

결국 포기하지 않는 이상, 우리가 원하는 것을 이룰 수 있는 새로운 에너지와 가능성은 우리 안에서 만들어진다. 어떤 목표에 도달하는 것이 성공이라면, 그것에 다다르지 못했다고 해서 끝은 아니다. "이건 안 될 거야"라는 소리는 주변에서도 들려올 수 있고, 내면에서도 들릴 수 있다. 그러나 그 소리에 귀를 기울이고, 그 말을 믿고 멈추는 선택은 전적으로 내 몫이다. 결국 실패는 결과가 아니라 태도의 선택에서 비롯된다. 내면의 소리를 들을 수 있는 유일한 존재는 나 자신이다. 내 마음가짐이 바뀌지 않는 한, 내가 보는 방향도 바뀌지 않는다. 스스로 변하지 않으면, 결국은 세상의 흐름에 의해 변화하게 된다.

미국의 전설적인 농구선수 마이클 조던은 이렇게 말했다.

"나는 9,000번 이상 슛을 놓쳤고, 300번 가까이 경기에 졌으며, 결정적인 슛을 놓친 것만도 26번이다. 나는 계속 실패했다. 그래서 나는 성공했다."

실패는 두려움의 대상이 아니라, 성장의 연료다. 실패를 통해 배우고, 다시 도전할 수 있는 힘을 기르는 것. 그게 진짜 리더가 되는 과정이다. 삶은 속도의 문제가 아니라 방향의 문제다. 방향이 맞다면, 속도는 그 다음 문제다.

나는 '열정'이라는 단어를 이렇게 정의해 본 적이 있다. "불가능을 가능으로 바꾸는 힘" 열정이 있는 사람은 무엇이든 행동으로 옮긴다. 그게 원하는 만큼의 결과를 내지 못하더라도, 그 과정에서 배우고 성장하게 된다. 반면 아무것도 하지 않는 사람, 포기한 사람에게는 어떤 가능성도 남지 않는다.

복권에 당첨되기를 바라면서도 정작 복권조차 사지 않는 사람이 있다면, 그건 단지 운이 없어서가 아니라 시작조차 하지 않은 결과일 뿐이다. 그러니 우리가 이루고 싶은 일이 지금 당장 눈앞에 보이지 않더라도, 그걸 유보된 성공이라 생각하고 포기하지 않아야 한다. 꾸준히 걸어가야 한다.

조금 더디게 올 뿐이지, 변화는 오지 않는 게 아니다. 리더십도 마찬가지다. 작은 실망에 흔들리지 않고, 꾸준히 태도를 유지해 나가다 보면 조금씩 변화를 만들고, 좋은 리더로 거듭나게 된다.

태도가 전부다. 그리고 리더십도 결국 삶의 태도다. 그 태도는 자신을 먼저 들여다보고, 스스로를 움직일 수 있는 사람만이 남을 움직일 수 있다. 리더십은 삶을 이끄는 힘이라는 사실을 잊지 말자.

김수현

**나를 이끌어야
세상을 이끌 수 있다**

AI시대 누구에게도 대체되지 않는 리더에 대하여

초판 1쇄 발행 2025년 8월 29일
초판 2쇄 발행 2025년 9월 12일 (1,075~3,075번 스티커 부착분)

지은이 김수현
펴낸이 최지혜

편　집 최소영
마케팅 김동구
디자인 박선향

펴낸곳 도서출판 11%
출판등록 2023년 6월 19일 제2023-00016호
주소 서울특별시 마포구 월드컵북로400 서울경제진흥원 5층 출판지식창업보육센터 제12호
전화 070-8286-7911
팩스 02-6442-7911
이메일 11pro@11pro.kr
홈페이지 11pro.kr

ISBN 979-11-985205-1-7 (03320)

*책값은 뒤표지에 있습니다.
*잘못된 책은 구입하신 곳에서 바꾸어 드립니다.